大家さん・賃貸住宅管理業者等のための

住宅セーフティネット制度
活用ハンドブック
【Q&A 解説】

編 著　弁護士　犬塚　浩
共 著　弁護士　佐藤康之
執筆協力　公益財団法人日本賃貸住宅管理協会

住宅セーフティネット制度の利用を考えている大家さん、
大家さんから直接相談を受ける賃貸住宅管理業者等の
疑問や不安に対し、国土交通省のハンドブック作成に
携わった著者がQ&Aで分かりやすく解説！

大成出版社

刊行に寄せて

　日本の人口は既に減少傾向にありますが、世帯数については、横ばいで推移しております。しかし、その構成比率はここ数年で大きく変化しており、若年世帯は減少する一方、高齢世帯、特に単身高齢世帯の増加が顕著になっております。今後、日本の賃貸住宅市場は、高齢世帯を中心とした需要の高まりが予想されます。しかし、空き家率が過去最高を記録するなど、全国的に空き家問題が深刻さを増している中でも、実に賃貸人の63％が高齢者の入居に際し、何かしらの拒否感を持っているという調査結果がでています。高齢者の賃貸住宅への入居においては、市場とのミスマッチが起きています。

　こうした中、国土交通省は、2017年に住宅セーフティネット法を改正し、高齢者などの住宅確保要配慮者を拒まない賃貸住宅（以後、セーフティネット住宅）を都道府県、政令市、中核市に登録するという制度を整備しました。これにより、民間賃貸住宅に空き家があるにも関わらず、公営住宅が満室で入居できない高齢者等が多くいるという需要と供給のミスマッチの解消が図られることを期待しています。

　当協会は、このたびの上述の法改正にあわせて、セーフティネット住宅研究特別委員会を設置しました。本委員会では、会員の管理物件におけるセーフティネット住宅への登録見込物件を取りまとめました。その登録見込数は70万戸を超え、準備が整えば、セーフティネット住宅は一気に増えると考えております。このように、当協会は、セーフティネット住宅の普及を推進し、高齢者等の住宅確保要配慮者が円滑に賃貸住宅に入居し生活ができるように努めており、今後も続けてまいります。

　本書は、主に高齢者などの住宅確保要配慮者の入居に深くかかわる、管理会社のために発刊されるものではありますが、一般の家主や行政担当者、住宅確保要配慮者にかかわるすべての方々にお読みいただき、住宅確保要配慮者にとって住みやすい賃貸住宅市場づくりに貢献していただくことを希望しております。

　令和元年7月

公益財団法人日本賃貸住宅管理協会
会長　末永照雄

はしがき

　我が国では高齢化が進み、総務省の HP によれば、人口に占める65歳以上の割合（高齢化率）は27.7％であり、75歳以上の割合が13.8％、その前の世代の65歳〜74歳の人口に占める割合は13.9％であり、今後この傾向は顕著になるものと思われます。

　この方たちには住宅の確保に対しての配慮を必要とする方が多くおられます。

　配慮を必要とする方は高齢者とは限りません。

　障害者、子育て世代、低所得者のほか災害による被災者の方にも住宅の確保に配慮（住宅セーフティネット）が必要です。

　従来住宅セーフティネットの根幹としては公営住宅の存在が位置付けられていましたが、諸般の事情から今後大幅な増加が見込めず、一方で増加傾向にある民間の空き家・空き室を有効利用する必要があります。

　そこで国は、住宅確保要配慮者に対する賃貸住宅の供給の促進に関する法律（住宅セーフティネット法）を改正し、2017年10月から施行されました。

　その内容は、

❶　住宅確保要配慮者の入居を拒まない賃貸住宅の登録制度
❷　登録住宅の改修や入居者への経済的支援
❸　住宅確保要配慮者に対する居住支援

ですが、本書を発行する段階において決して利用件数は多いとはいえません。

　その背景には、住宅を提供するオーナーならびに管理者、これを利用する居住者が制度内容を把握しきれていないという実態があると思います。

　利用者の中には自分自身がこの制度を利用できるかどうか判断がつきかねている方もおられるでしょう。

　この点政府は、住宅セーフティネット制度活用 Q&A 集「大家さん向け住宅確保要配慮者受け入れハンドブック解説版」を平成29年10月に発行しました。

　本書は、このハンドブックをより制度利用希望者に対して分かりやすく実務的に説明をする意図で執筆したものです。

　委員には、ハンドブック作成に携わった当職のほか、同じく作成に携わり、かつ、公営住宅等の問題の専門でもある佐藤康之弁護士に加わってもらいました。

　また、より現場の意見を反映したものにするべく公益社団法人日本賃貸住宅管理協会の飯島繁樹氏に監修をいただき、現場のニーズに対応できている

かどうかのチェックをしていただきました。

　本書は住宅セーフティネット法改正による新たな住宅セーフティネット制度に関してより分かりやすく制度内容を説明し、皆様の制度利用にお力添えできる内容となっていれば幸甚です。

　令和元年7月吉日

弁護士　犬塚　浩

目　　次

第1章　総　　論

1-1 制度概要

Q 1 賃貸住宅のオーナーとして住宅セーフティネット制度に関心があります。概略を教えてください。……2

Q 2 住宅セーフティネット制度を利用する際の手続きについて教えてください。……5

Q 3 住宅セーフティネット法における住宅確保要配慮者には、どのような人が該当しますか。……6

Q 4 セーフティネット制度で登録できる住宅とは、どのような住宅でしょうか。……7

Q 5 住宅確保要配慮者の登録住宅において、高齢者は受け入れできるが、障がい者は設備の関係で受け入れできない場合、「高齢者のみ受け入れる」という登録は可能でしょうか。……9

Q 6 高齢者を属性とする登録住宅として申請しました。ただ、家賃の支払いに不安があります。そこで、家賃の代理納付制度の利用を必須とすることを入居条件としてよいですか。また、行政の見守りサービス等の申込みを入居条件とすることは可能ですか。……12

Q 7 登録住宅の申請ならびにその後の報告について内容が誤っている場合にはどのようなペナルティーを受ける可能性がありますか。……14

Q 8 住宅セーフティネット制度を利用して改修費の補助などを受けたいと思います。内容はどのようなものでしょうか。また補助を受けた場合にはどのような制約があるのでしょうか。……15

1-2 定義など

Q 9 住宅セーフティネット制度を利用した場合には、どのようなサポートを受けることができるのでしょうか。……17

Q10 登録住宅になった場合の経済的支援の内容はどのようなものですか。……19

第2章　各　　論

2-1 入居前

⑴ 連帯保証人（家賃債務保証業者を含む）がいない場合の入居拒否について

Q11 審査において、連帯保証人がいない場合、家賃債務保証業者の審査が通らなかったことを理由に入居を断ることは可能ですか。……24

i

⑵ 民間の見回りサービスの内容について

Q12 高齢者の入居者の方には民間の見守りサービスに加入することを条件にしたいと思います。どのようなサービスがありますか。……26

2-2 入居時（契約時）

Q13 高齢者などの家賃債務保証制度を利用した場合、費用負担を貸主、借主の折半とすることは可能ですか。……28

2-3 入居中

⑴ 入居後の事情発覚について

Q14 本人が住宅確保要配慮者であることを隠してオーナー（賃貸人）との間で契約し入居いたしました。その後その事実が発覚しましたが、何か対応する必要があるのでしょうか。……29

⑵ 入居中のマナーに関して

Q15 入居者によるマナー違反やトラブル等で困っています。これは登録住宅に限らない話ですが、どのような点に注意する必要がありますか。……31

Q16 要配慮者の中には外国人も含まれますが、外国人とはマナー違反等のトラブルが発生するのではないかと懸念しますが、どのような対応ができますか。……33

Q17 借主が長期期間不在になった場合、室内の状況が心配になります。特に火事・漏水など他の居住者への影響を賃貸人としては考慮せざるを得ません。そこで一定期間（たとえば、１週間）以上連絡が取れない場合、賃貸人が室内に入ることができる旨の特約を設けて契約したいのですが、問題ないでしょうか。…36

Q18 入居者と連絡が取れなくなりました。立入特約（Q 17 参照）も規定しておりません。室内の状況も分からず、立ち入ることもできないということであれば賃貸人としてはただ心配するしかないのでしょうか。どこかに相談することはできますか。……38

Q19 障がい者の奇声や奇怪な声で近隣の方に迷惑がかかっているので注意しようと思うのですが、通常の指導と違って気をつけることがありますか。……40

⑶ 高齢者関係

Q20 高齢者を属性とする登録住宅のオーナーですが、入居者の方が最近外出が少なくなったようで、お元気で生活しているかどうか心配になります。そこで３日間以上電話などでの連絡がつかない場合は、ご自宅に伺えるようにしたいのですが問題ないでしょうか。……42

Q21 高齢者の方が入居中に認知症を患い、コミュニケーションがとりにくくなりました。賃貸人としてどのような対応が可能でしょうか。……45

Q22 入居中の高齢者に内縁者が同居している場合、どう対処すればよいですか。……47

Q23 認知症など一定の病気等と診断された場合には、賃貸借契約を解除することは特約があれば可能ですか。……48

Q24 認知症の高齢者がボヤを出した場合に、それを理由として賃貸借契約を解除することはできますか。……49

(4) 連帯保証関係

Q25 連帯保証人に対して何が請求できるか教えてください。連帯保証人がいない場合はどうすればよいですか。また連帯保証人に対してはどのような責任を求めることができますでしょうか。……50

Q26 家賃債務保証業者が破産したり、国から家賃債務保証業者としての登録を抹消された場合に、すでに締結した契約に影響を与えますか。……52

Q27 高齢者などで家賃債務保証業者を利用した場合、悪質な督促などへの国の監督制度はありますか。……53

Q28 賃貸借契約の更新時に借主が家賃債務保証業者との契約を更新しなかった場合はどうなりますか。……55

Q29 入居中に連帯保証人が亡くなった場合の対応について教えてください。……56

Q30 単身の入居者が亡くなって、相続人や連帯保証人等がいない場合、残置物の処理について教えてください。……57

(5) 家賃滞納関係

Q31 入居者が家賃等を払えなくなった場合、どうすればよいですか。……59

Q32 生活保護受給者が家賃等を滞納した場合、どこに相談すればよいですか。……61

Q33 家賃不払いが発生した場合に、特に要配慮者が借主の場合に注意すべき点はありますか。……63

Q34 滞納が続いている住宅確保要配慮者に対して、連帯保証人から契約解除することはできますか。……65

(6) その他

Q35 借主が長期入院した場合など、生活の拠点として使用できない状態になった場合には賃貸借契約を解除することは可能ですか。……66

Q36 入居中に生活保護を脱し、住宅確保要配慮者に該当しなくなった場合、改修費は戻さないといけないのでしょうか。……68

Q37 亡くなったことによる請求は相続人と連帯保証人どちらに請求するものですか。……70

2-4 退去時

Q38 原状回復ガイドラインでは、車いすの跡等を直すために入居者に負担をお願いしてもよいですか。……71

Q39 借主が入居5年後ぐらいから杖をつく状態になり、注意をしたにもかかわらず、その擦れ跡が酷いので原状回復費用を請求できますか。……73

Q40 単身の入居者が亡くなった場合、どうすればよいですか。……74

Q41 相続人や連帯保証人のいない入居者が亡くなった場合、残置物の処理や原状回復はどうすればよいですか。……75

Q42 契約者である入居者が亡くなった場合、契約の終了はどうすればよいですか。……76

第3章　お役立ち資料

1. 関係機関……80
2. 関係通知……90
   ・公営住宅における単身入居者死亡後の残置物への対応方針の
   策定について（抄）……90
3. 申請書様式……95
   ・住宅確保要配慮者円滑入居賃貸住宅事業登録申請書……95
   ・住宅確保要配慮者円滑入居賃貸住宅事業に係る登録事項等の変更届書……104
4. 関係告示……105
   ・家賃債務保証業者登録規程……105

第1章

総　論

1 制度概要 ●Q1〜Q8

2 定義など ●Q9〜Q10

1-1 制度概要

賃貸住宅のオーナーとして住宅セーフティネット制度に関心があります。概略を教えてください。
(「ハンドブック解説版」2頁参照)

日本の総世帯数は2019年をピークに減少に向かうと推定されていますが、高齢者の単独世帯は今後も増加が続くとされている（「ハンドブック解説版」3頁参照）なかで、民間賃貸住宅を住宅確保要配慮者（以下、要配慮者）の入居を拒まない住宅として登録制度を始めるなど新たな住宅セーフティネット制度が平成29年10月にスタートしました。ただ要配慮者の入居に対しては従来から賃貸人にさまざまな不安があるとされており、制度の内容を正確に理解して活用する必要があります。

解 説

1 住宅セーフティネット制度の概要

住宅セーフティネット法と関連予算によって、以下の3つの枠組みについて、それぞれ内容が定められています【「ハンドブック解説版」28頁参照】。
❶要配慮者向け賃貸住宅の登録制度
❷登録住宅の改修・入居への経済的支援
❸要配慮者のマッチング・入居支援

2 要配慮者向け賃貸住宅の登録制度

(1) 住宅確保要配慮者とは【Q3参照】
要配慮者は、法律、省令、条例などによって定められています。

① 住宅セーフティネット法に基づくもの（第2条）
❶低額所得者（年収15.8万円以下）
❷被災者（発災から3年以内）
❸高齢者（一律に何歳以上という下限年齢は設けていませんが登録申請する際には具体的に設定する必要があります）

❹障害者

❺18歳（高校生相当）以下の子どもを養育している者

② **省令（施行規則）に基づくもの**

　外国人、中国残留邦人など、児童虐待を受けた者、ハンセン病療養所入所者など

③ **自治体の供給促進計画に基づくもの**

　海外からの引揚者、新婚世帯、原子爆弾被爆者、戦傷病者、児童養護施設退所者、LGBT（レズビアン・ゲイ・バイセクシャル・トランスジェンダー）など【「ハンドブック解説版」28頁参照】

（2）**登録制度**

　登録基準を満たした賃貸住宅については、都道府県・政令市・中核市に登録することができます【Ｑ2参照】。

（3）**登録住宅の情報開示など**

　都道府県などが登録住宅の情報開示を行い、賃貸人への指導監督を行います。

3　登録住宅の改修・入居への経済的支援

登録住宅については以下の支援制度があります。

（1）**登録住宅に対する改修費の補助（予算制度に基づいて行われます）**【Ｑ8参照】

　　① **補償対象工事**

　　　バリアフリー工事、耐震改修工事、用途変更工事など

　　② **入居者要件など**

　　　改修費補助には入居者収入及び家賃収入について一定の要件があります。

（2）**独立行政法人住宅金融支援機構による登録住宅に対する改良資金融資など（法律及び予算に基づくもの）**【Ｑ10参照】

（3）**低額所得者の入居負担軽減のための支援措置（予算によるもの）**【Ｑ8参照】

　専用の住宅として登録された住宅については、

❶家賃低廉化に要する費用

❷入居時の家賃債務保証料

について一定の要件を満たせば支援がなされます。

4　要配慮者のマッチング・入居支援

以下の制度があります。

(1)　居住支援法人の指定

都道府県による居住支援法人（家賃債務保証などの居住支援活動を行う法人）の指定

(2)　居住支援法人等による登録住宅などの情報提供・入居相談

自治体や居住支援協議会などが、要配慮者に登録住宅の情報を提供するほか、誰もが見られる登録住宅の情報を載せたホームページが用意されます。また通常の賃貸住宅と同様に、仲介業者やサイト事業者を利用することもできます。【「ハンドブック解説版」41頁参照】

(3)　居住支援活動への支援措置など

居住支援協議会等の活動支援

(4)　要配慮者への家賃債務保証の円滑化

①　家賃債務保証業者の登録制度を実施し、その情報を提供します。

②　居住支援法人による家賃債務保証を実施します。

(5)　生活保護受給者についての代理納付

受給者の家賃等を保護の実施機関が直接賃貸人に支払う（代理納付）の要否を判断するための手続きを創設します。

1-1 制度概要

 住宅セーフティネット制度を利用する際の手続きについて教えてください。

 登録する物件が政令市や中核市にあれば市長に、それ以外の市区町村にあれば都道府県知事に必要な書類を提出します。入居者の属性はオーナーが選択することができますが、登録できる住宅の基準・設定する家賃の金額などが法令等により定められています。（「ハンドブック解説版」32頁参照）

解　説

1　登録申請の手続き
（1）申請書（法第9条）【「ハンドブック解説版」131頁以下参照】
（2）添付書類（省令第10条）

❶登録する賃貸住宅の付近見取図
❷登録する賃貸住宅及び敷地を表示した図面
❸登録する賃貸住宅の間取り、各室の用途及び設備の概要を表示した各階平面図
❹登録する賃貸住宅について新耐震基準に適合することを確認できる書類など

（注）登録は集合住宅の1住戸からも可能で、シェアハウス（共同居住型住宅）の専用部分の1室から登録が可能です。

2　登録住宅の基準
　原則として、以下の基準を満たす必要があります。

❶床面積が25㎡以上
❷新耐震基準に適合すること
❸台所・便所・洗面・浴室等の設備があること
❹家賃が近傍同種の住宅と均衡を失しないこと
❺基本方針・地方公共団体が定める計画に照らして適当であることなど

　なお、シェアハウス（共同居住型住宅）については、別の基準があります【「ハンドブック解説版」36頁参照】。また、登録が集合住宅の1住戸からも可能であり、集合住宅の全部を登録する必要はありません。

1-1 制度概要

 住宅セーフティネット法における住宅確保要配慮者には、どのような人が該当しますか。

 住宅確保要配慮者（要配慮者）については、法律、省令、その他で規定されており、登録住宅の基準についても法律及び省令に規定されています。

解 説

1 住宅確保要配慮者とは
　要配慮者は法律、省令等によって規定されています。
(1) 住宅セーフティネット法に基づくもの（第2条）
　❶低額所得者（年収15.8万円以下）
　❷被災者（発災から3年以内）
　❸高齢者（※）
　❹障害者
　❺18歳（高校生相当）以下の子どもを養育している者
　　※ 一律に何歳以上という下限年齢は設けていませんが、オーナーが登録住宅を申請するにあたっては具体的な年齢を設定する必要があります。
(2) 省令（施行規則）に基づくもの
　外国人、中国残留邦人など、児童虐待を受けた者、ハンセン病療養所入所者など、DV（ドメスティック・バイオレンス）被害者、拉致被害者、犯罪被害者、生活困窮者及び更正施設退所者（第3条）その他東日本大震災被災者（令和3年3月11日まで）
(3) 自治体の供給促進計画に基づくもの
　海外からの引揚者、新婚世帯、原子爆弾被爆者、戦傷病者、児童養護施設退所者、LGBT（レズビアン・ゲイ・バイセクシャル・トランスジェンダー）、UIJターンによる転入者、これらの者に対して生活支援などを行うもの【「ハンドブック解説版」31頁参照】。

1−1 制度概要

 セーフティネット制度で登録できる住宅とは、どのような住宅でしょうか。

 登録できる住宅はシェアハウスとそうでない住宅で違いがあります。

解　説

以下の基準を満たす必要があります【「ハンドブック解説版」36頁参照】。

(1) **規模について**

　床面積が25㎡以上であること。

　ただし、住宅の共用部分に台所、収納設備、浴室またはシャワー室を備えることで各住戸に備える場合と同等以上の居住環境が確保される場合、18㎡以上となります。なおシェアハウス（共同居住型住宅）の場合は、床面積が「(15㎡×入居者の定員)＋10㎡」以上であること、専用部分は、定員1人で床面積が9㎡以上であることが求められます。

(2) **構造について**

　新耐震基準に適合することのほか、消防法、建築基準法等に違反しないものであること。

(3) **設備について**

　台所・便所・洗面・浴室等の設備を備えること。

　ただしシェアハウスについては、これらの設備が各専有部分に備えられている場合は、共用部分に備える必要はありません。また便所、洗面設備、浴室またはシャワー室は、5人に1つ以上の割合で備えることが必要です（定員4人であれば各設備は1つずつ、6人であれば2つずつ）。

　高齢者専用のシェアハウスについては有料老人ホームに該当する場合があり、関係法令によって、非常用照明の設置や一定の床面積等を求められることがありますから注意しましょう【国土交通省のガイドブック参照】。

(4) **家賃について**

　近傍同種の住宅と均衡を失しないことが必要です。

⑸　供給促進計画による基準の強化・緩和について
　　上記の規模及び設備については、自治体の供給促進計画で強化・緩和されるので、確認する必要があります。

1-1 制度概要

Q5 住宅確保要配慮者の登録住宅において、高齢者は受け入れできるが、障がい者は設備の関係で受け入れできない場合、「高齢者のみ受け入れる」という登録は可能でしょうか。
（「ハンドブック解説版」34頁参照）

登録に際してどのような属性にするかは選択できますから可能です。

解　説

1　登録住宅における登録に際しては、集合住宅内の1住戸から可能であり、入居を拒まない要配慮者の属性については申請者が選択できます。そのため、設問のとおり「高齢者については入居を拒まない」「低額所得者と被災者については入居を拒まない」の属性選択も可能です。

　前者の場合には「低所得者と被災者」は（高齢者ではないので）、契約自由の原則により、入居を拒む（契約しない）ことは可能です。後者について「低所得者及び被災者」に該当しないので高齢者については入居を拒む（契約しない）ことは可能です。

　なお、高齢者については法令上の下限規制がない（たとえば、「65歳以上」とか、「70歳以上」とか）ので、登録の際に具体的な年齢を設定して登録することになります【下記の2参照】。

　属性の記載については、くれぐれも（「○○の人はお断り」など）差別的な表現にならないように注意する必要があります。

　また、条件が重なることによって不都合が発生しないようにする必要があります。

　たとえば、低所得者を対象としながら、「家賃債務保証の加入を申し込むこと」を条件とすることはあまり現実的ではありません。

2 「高齢者」という表現に関しては、WHOで65歳以上を高齢者と位置付けていることもあり、「65歳以上」と理解される傾向にありますが、法令上の具体的な規定はありません。

そのため登録にあたっては「高齢者」を入居を受け入れる主な要配慮者とした場合には、その下限年齢（たとえば、65歳以上とか70歳以上とか）を具体的に詳細を別添にして登録することになっています。

3 属性に関しては条件をつけることが可能です。

たとえば、「低額所得者の入居は拒まない。ただし生活保護受給者については、生活扶助費等の代理納付がされる場合に限る」とすることができますが、対象が少数になる可能性があります（「100歳以上の高齢者のみ」など）。一方「高齢者のみ入居を拒まない」として登録した場合に、高齢者の方であっても「収入が低く家賃滞納の不安がある」を理由として拒むことはできます。

4 「高齢者は拒まないが、収入が安定した人に限る」等の条件も可能です【「ハンドブック解説版」34頁参照】。

高齢者であることと収入の面は属性として重複しませんので、条件として付けることは可能なのですが、「収入が安定している」の具体的内容を明確にする必要があるでしょう。

5 高齢者との賃貸借契約で、たとえば「加齢の影響で体力が衰えた場合に賃貸借の対象となっている部屋を2階から1階へ変更することがあること」をあらかじめ合意しておくことはできません。あくまで賃貸借契約ですから特定の住居に関して特定の住居が契約の対象となります。具体的に時期を定めて部屋を移動する内容の契約は可能ですが、曖昧な理由で住居を変更することはできません。

6 「高齢になった場合には退去する」という条件を契約に付することは、「高齢」が曖昧な概念であり、契約の終期とはなり得ませんから条件としては無効と考えるべきです。

ただし、「サービス高齢者住宅への移転」については、借主が介護を受けることができるメリットにもなるので、移転時期について具体的に定めることによって条件を付することは可能です。

その場合の身元引受人の地位をどのようにするか等を具体的に定める必要があるでしょう。

7 「障がい者の入居は拒まない」として募集した場合で、障害区分による
　限定や制限は可能です。

1－1 制度概要

 高齢者を属性とする登録住宅として申請しました。ただ、家賃の支払いに不安があります。そこで、家賃の代理納付制度の利用を必須とすることを入居条件としてよいですか。また、行政の見守りサービス等の申込みを入居条件とすることは可能ですか。

 契約に際して条件をつけることは可能です。

解　説

1　契約の条件について

　高齢者だけでなく低額所得者についても家賃の代理納付制度の利用を必須として募集することは可能です。たとえば、「低額所得者の入居を拒まない。ただし生活保護受給者については、生活扶助費等の代理納付がされる場合に限る」として登録することはできます。その他行政の見回りサービス等の申込みの条件として募集することが可能です。

2　定期借家契約することについて

　契約内容として定期借家契約とすることについては、法令上の制限はありませんから、募集に際して、1年の定期借家契約とし、契約終了後は再契約とすることができます【「ハンドブック解説版」52頁参照】。

　注意すべき点は、定期借家の場合、一定の期間が経過すると契約は終了しますが、期間満了後に引き続き入居者が居住を希望した場合、その要配慮者の属性を理由に入居を拒むことはできないということです。よって入居を希望された場合、定期借家契約による再契約または普通借家契約を締結する必要があります。

　ただし、属性以外の理由で入居を拒むことは禁じられていません。たとえば契約違反行為があった等の理由で再契約しないことは可能です。

3 契約の対象者について

　配偶者が住宅確保要配慮者に該当する場合であっても契約する本人が要配慮者に該当しない場合には本制度の利用対象とはなりません。

　本制度はあくまで契約者が住宅確保要配慮者に該当するか否かで判断します。そのため配偶者が住宅確保要配慮者に該当している場合でも、契約する者が住宅確保要配慮者に該当しない場合は本制度の対象とはなりません。

4 入居者が契約期間内において要配慮者に該当しなくなった場合について

　契約期間中に要配慮者に該当しなくなる場合もあり得ます。たとえば、所得が上がり「低額所得者（年収15.8万円以下）」に該当しなくなった場合や子どもが成長して「18歳（高校生相当）以下の子どもを養育しているもの」に該当しなくなった場合です。

　要配慮者に該当しなくなった場合でも契約が終了するわけではありません。よってオーナー（賃貸人）が退去を促す必要はなく、退去を求めることもできません。

　この点、改修の補助を受けた「専用住宅」【Q 8 等参照】については、改修（登録）申請の際に規定した要配慮者に貸すことを10年間強制されます。ただしこの制限はあくまで入居の際に求められるものであり、後にこの入居者が要配慮者に該当しなくなった場合でも、契約が終了するわけではありませんので退去を促す必要はありませんし、求めることもできません【「ハンドブック解説版」54頁参照】。

制度概要 定義など

13

1-1 制度概要

 登録住宅の申請ならびにその後の報告について内容が誤っている場合にはどのようなペナルティーを受ける可能性がありますか。

 誤った申請や報告については罰則を受ける可能性があるので十分注意しましょう（法第62条、第63条）。

解　説

(1) **不正手段によって登録を受けた場合**（30万円以下の罰金：法第 8 条）
　　虚偽の内容の申告等によって登録をした場合など
(2) **届出をしなかった場合及び虚偽の届出をした場合**（30万円以下の罰金：法第12条、第14条）
　　登録事項等の変更（法第12条）及び廃止の届出（法第14条）をせず、または虚偽の届出をした場合など
(3) **管理状況の報告を怠った時及び虚偽の報告をした時**（20万円以下の罰金：法第22条）
　　登録事業者が、都道府県知事などの「登録住宅の管理状況についての報告要求」に対して報告せず、または虚偽の報告をした場合
(4) **指定の取消しについて**（登録の取消し：法第24条）
　　登録拒否事由（法第11条第 1 項各号、第 4 号を除く）のいずれかに該当する時、不正な手段を用いた時には取り消されます。
　　また登録事項の変更の届出を怠った時ならびに都道府県知事などからの指示に従わなかった場合には取り消される可能性があります。
(5) **その他**
　　以上の他に登録事項が事実と異なる場合には、都道府県知事などによる訂正等の指示を受けます（法第23条：罰則なし）。
　　なお、上記(1)～(4)に違反して登録が取り消された場合（法第24条第 1 項）登録が抹消されます（法第15条第 1 項）。

1-1 制度概要

住宅セーフティネット制度を利用して改修費の補助などを受けたいと思います。内容はどのようなものでしょうか。また補助を受けた場合にはどのような制約があるのでしょうか。

改修費の融資については独立行政法人住宅金融支援機構による融資がありますが、さまざまな制約がありますので十分に確認をしてから融資を受けるようにしましょう。

解　説

1　改修費の融資の概要【「ハンドブック解説版」57頁参照】
　工事費用の8割を上限として返済期間20年以内、全期間固定金利により、住宅金融支援機構により融資されます。
　なお、改修費に対する補助対象となり得るのはリフォーム工事のほかに、その工事とあわせて行うリフォーム工事も融資の対象となります。

2　改修費の補助の対象となるもの
　補助金の対象となるのは、以下のとおりです。
　　❶耐震改修
　　❷間取り変更
　　❸シェアハウスへの改修
　　❹バリアフリー改修
　　❺居住のために最低限必要と認められた工事
　　❻居住支援協議会等が必要と認める工事
　　❼これらに関わる調査設計計画の作成
　補助の限度額は1戸当たり50万円であり、上記❶～❸を含む場合は2倍が上限となります。

3　改修費の補助を受けた場合の制限について
　改修費の補助を受けて改修すると、その後新たに改修をすることができ

第1章●総 論

ない場合もあります。

　改修費の補助を受けた場合には、要配慮者【下記4参照】だけを入居することが義務付けられる「専用住宅」として10年以上管理しなければなりません。特に改修費の補助には、

❶国による直接補助（工事費の3分の1を補助し、原則として50万円を限度額とします）

❷国と自治体による補助（工事費の3分の2を補助し、原則として100万円を限度額とします）

がありますが、国による直接補助の場合には「専用住宅として10年以上管理する」だけでなく、家賃を公営住宅の家賃水準にしなければならないという義務があります。

　また、新たに改修する場合でも、登録住宅の要件（床面積が25㎡以上、新耐震基準に適用すること、台所・便所・洗面・浴室等の設備があることなどの基準）を満たす必要があり、これに反する改修は禁止されます。【「ハンドブック解説版」62頁参照】

4　入居者の制限について

　改修費の補助を受けた場合には、10年以上入居者を以下の要配慮者に限定する「専用住宅」として管理しなければなりません。

❶子育て世帯
❷新婚世帯
❸高齢者世帯
❹障害者世帯等
❺外国人世帯
❻供給促進計画に定める者
❼低額所得者
❽被災者世帯

　ただし、「国による直接補助」と「国と自治体による補助」では若干内容が異なりますので注意してください。

1−2 定義など

 住宅セーフティネット制度を利用した場合には、どのようなサポートを受けることができるのでしょうか。

 登録住宅になると経済的支援として、国による改修費の補助（直接補助）、自治体による補助にあわせて国も支援する改修費や家賃・家賃債務保証料の低廉化の補助（間接補助）のほか、住宅金融支援機構による改修費の融資があります。（Q8、11参照）
これ以外に、要配慮者をめぐる諸々の問題についての相談体制があります。

解　説

1　緊急連絡先のサポート

　借主に至急連絡したいときに連絡がつかない場合の連絡先として緊急連絡先を契約書上記載してもらうケースがあります。

　安否が気がかりな場合には緊急連絡先に連絡することになりますが、連絡がとれず、至急の対応が必要と思われる場合には警察や福祉事務所などに連絡を入れることになります【「ハンドブック解説版」18頁参照】。なお契約の際に緊急連絡先がない場合には地域の居住支援協議会に相談すれば、緊急連絡先の役割を担ったりできる場合があります。

　なお、入居者情報シートを作成し、支援者や利用施設を確認することで緊急連絡先として関係者を把握することは可能です。ただし入居者情報シートの記載内容は個人情報が含まれており、作成にあたっては入居者の同意を得るとともに、管理体制を十分に整えることが必要です【「ハンドブック解説版」8頁参照】。

2　全体的な相談窓口について
（1）　要配慮者全般
　　居住支援協議会
　　それぞれの地域において要配慮者の民間賃貸住宅への円滑な入居の促進

17

第1章●総　論

に関し、必要な措置について協議をするために、自治体、宅建業者や賃貸
住宅管理業者などの不動産関係団体や居住支援団体等で組織されているも
のです。要配慮者と賃貸人の双方に対して住宅の情報提供の支援を行って
います（法第51条）。

　なお平成29年法改正によって「居住支援協議会」から「住宅要配慮者居
住支援協議会」に名称変更されています。

　それぞれの要配慮者の状況に応じて、居住支援協議会が契約の同行支
援、通訳派遣等の必要なサポートを行ったりしています。なお外国人につ
いては、国土交通省が「外国人の民間賃貸住宅入居円滑化ガイドライン」
を作成しています。

(2)　高齢者関係
　地域包括支援センター
　　高齢者の暮らしを地域でサポートするための拠点として市町村が設置し
ており、保健師・社会福祉士・主任ケアマネージャー等が配置されていま
す（介護保険法第115条の46）。

(3)　障害者全般
　基幹相談支援センター
　　障害者全般の地域の相談支援の拠点として市町村などが設置することが
できるものです。相談支援専門員、社会福祉士、精神保健福祉士、保健師
などが配置されています（障害者総合支援法第77条の２）。

(4)　高齢者及び障害者など
　社会福祉協議会
　　高齢者や障害者の在宅生活の支援、福祉サービスの利用援助や日常的な
金銭の管理などをはじめとする社会福祉活動を推進するために、地域の社
会福祉施設や社会福祉法人等が参加している営利を目的としない民間組織
です（社会福祉法第109、110条）。

(5)　高齢者及び障害者など

①　生活困窮者自立支援制度
　　生活困窮者自立支援法に基づく支援制度で生活全般にわたる相談窓口と
して自立相談支援機構が全国に設置されています。

②　生活保護制度
　　生活保護法に基づく生活に困窮する方に対しての自立を助長する制度で
あり、地域の福祉事務所が窓口となります。

(6)　その他民生委員など
　　厚生労働大臣から委嘱されて地域の住民の立場に立って相談に応じ、必
要な援助を行い、社会福祉の増進に努める人です（民生委員法第５条）。

18

1－2 定義など

 登録住宅になった場合の経済的支援の内容はどのようなものですか。

 改修費用に対する補助・融資と低額所得者が入居する際の負担軽減のための家賃・家賃債務保証料の低廉化の補助があります。

解　説

1　経済的支援の概要

以下の内容の国と自治体の補助があります【「ハンドブック解説版」39頁参照】。

　❶改修費への補助（「国による直接補助」と「国と自治体による補助」があります）
　❷改修費への融資（住宅金融支援機構による）
　❸家賃の低廉化への補助（自治体による）
　❹家賃債務保証料の低廉化への補助（自治体による）

2　改修費の補助について【「ハンドブック解説版」55頁参照】

（1）対象工事

　❶耐震改修
　❷間取り変更
　❸シェアハウスへの改修
　❹バリアフリー改修
　❺居住のための最低限必要と認められた工事
　❻居住支援協議会等が必要と認められる工事
　❼これらに関わる調査設計計画の作成

（2）限度額

　国の補助は1戸当たり50万円、ただし上記(1)❶〜❸の工事を含む場合は2倍となります。

（3）補助の主体

　❶国による直接補助（国が工事費の3分の1を補助。1戸当たり50万

第1章●総　論

　　円）

❷国と自治体による補助（あわせて工事費の3分の2を補助。1戸当たり100万円を限度）

　　ただし、上記(1)❶～❸のいずれかを含む場合は直接補助は100万円、間接補助は200万円。

(4)　**補助を受けた場合の制約**

　　要配慮者だけが入居できる「専用住宅」として10年以上管理します。

　　なおかつ、改修費の補助は「国による直接補助」の場合には家賃を公営住宅の家賃水準以下にします。

3　改修費への融資【「ハンドブック解説版」57頁参照】

(1)　**融資の対象工事**

❶国等の改修費に対する補助の対象となり得るリフォーム工事等

❷上記❶とあわせて行うリフォーム工事

(2)　**融資限度額・金利・その他の融資要件**

　　改修費の補助金の対象となり得る工事を含む改修を行う場合に、全体の工事費用の8割を上限として、返済期間20年以内、全期間固定金利による独立行政法人住宅支援機構の融資を受けることができます。

4　家賃低廉化への補助【「ハンドブック解説版」58頁参照】

　　低額所得者が入居する場合、家賃を下げた時は家賃減額分に対して1戸当たり最大毎月4万円の補助が受けられます。

　　入居には、月収15.8万円以下の低額所得者を対象として公募により抽選その他の公正な方法によって選定します。補助率は100％・1戸当たり1か月4万円ですが、家賃債務保証料低廉化の補助を受ける場合は双方の補助金合計額が1年間で48万円を超えることはできません。

　　補助期間は最長10年ですが、補助金総額が10年間の限度額（480万円）を超えない範囲であれば最長20年にするのも可能です【「ハンドブック解説版」58頁参照】。

5　家賃債務保証料低廉化への補助【「ハンドブック解説版」59頁参照】

　　国土交通省に登録している家賃債務保証業者などが初回の保証料を下げた時はその減額分に応じて最大6万円の補助が受けられます。補助が受けられる業者は法第40条の居住支援法人または国土交通省の登録を受けた家賃債務保証業者に限られます。

　　低額所得者（月収15.8万円以下）が1戸当たり6万円について入居時の初回保証料の減額のみが対象となります。

家賃低廉化の補助との合算については上記のとおりです。

6　入居の審査【「ハンドブック解説版」47頁参照】

上記などの入居の審査については賃貸人が実施します。

改修費の補助を受けた場合には、10年以上、専用住宅（要配慮者に入居者を限定する住宅）として管理しなければなりません。

収入条件については課税証明書等の提出が求められ、公営住宅法施行令で定められている算定方法によって賃貸人等が確認する必要があります。入居者については原則公募して、抽選その他の公正な方法により選定しますが、公募については登録住宅の情報を載せたホームページ「セーフティネット住宅情報提供システム」で検索可能な状態になっていれば大丈夫です。先着順であったとしても、「公正な方法」とみなされます。その他、反社会的勢力の排除は必要です。

なお、低額所得者・低額所得世帯（月収15.8万円）であることの確認方法については、「ハンドブック解説版」47頁を参照してください。

第 2 章

各　論

1　入居前

（1）連帯保証人（家賃債務保証業者を含む）が
　　　いない場合の入居拒否について●Q11
（2）民間の見回りサービスの内容について●Q12

2　入居時（契約時）●Q13

3　入居中

（1）入居後の事情発覚について●Q14
（2）入居中のマナーに関して●Q15〜 Q19
（3）高齢者関係●Q20〜Q24
（4）連帯保証関係●Q25〜Q30
（5）家賃滞納関係●Q31〜Q34
（6）その他●Q35〜Q37

4　退去時　●Q38〜Q42

(1) 連帯保証人（家賃債務保証業者を含む）がいない場合の入居拒否について

2 − 1 入居前

審査において、連帯保証人がいない場合、家賃債務保証業者の審査が通らなかったことを理由に入居を断ることは可能ですか。
（「ハンドブック解説版」34頁参照）

契約に際して連帯保証人または家賃債務保証業者との契約締結が条件となっている場合には、この条件を入居希望者が満たすことができなければ、契約を締結せず、入居を断ることができます。これは連帯保証人が存在することが賃貸借契約締結の条件となっているからです。

解 説

　登録住宅は、登録申請した要配慮者の属性（たとえば、「高齢者」）を理由に入居を拒むことはできません。
　一方で契約に条件をつけることはできますから、この条件を満たさない場合には契約を締結せず、入居を断ることができます。
　ただし、属性に関連することを条件とすることは無効となる場合がありますから注意しましょう。たとえば、高齢者を属性とする場合に、「高齢者のため孤独死の不安がある」を理由に入居を拒むことはできません。また「子育て世帯の入居を拒まない」として登録しているにもかかわらず、「子どもの発する近所への騒音が不安である」を理由として入居を拒むことはできません。
　これに対して「高齢者の入居を拒まない」として登録した場合に、その人が「収入が低く家賃滞納の不安がある」を理由として入居を拒むことは禁じられていません。これは「高齢者であること」を理由として入居を断っているわけではないからです。
　設問のとおり、連帯保証人または家賃債務保証業者を確保することを契約の条件とすることはできますし、この条件を満たさない場合に契約をしない（入居を拒む）ことができます。

なお、高齢者については何歳以上という下限年齢の定めはありませんが、高齢者を受け入れる場合には下限年齢を登録の際に決めることになります。

(2) 民間の見回りサービスの内容について

2－1 制度概要

 高齢者の入居者の方には民間の見守りサービスに加入することを条件にしたいと思います。どのようなサービスがありますか。

 緊急通報サービス業を営む会社、警備会社、家電メーカー等、さまざまな企業が見守りサービスを提供しています。

解　説

　「高齢者」を属性として登録した場合でも「見守りサービス」に加入することを契約の条件とすることが可能です【Q11参照】。
　民間の見守りサービスとしては、緊急通報サービス業を中心に営む会社のほか、警備会社、家電メーカー等、さまざまな企業が見守りサービスの提供をしています。
　見守りサービスの例としては、以下のようなものがあります。
❶利用者の健康状態や日常生活の様子を電話で確認し、健康状態に不安等がある場合は、看護師が健康相談を受ける。電話がつながらない場合は、繰り返しの電話、本人に連絡がつかない場合は、指定連絡先に連絡する。
❷体調が悪いと感じたときコントローラーのボタンを押すと、ガードマンが急行し、預かっている鍵を使って状況を確認し対処する。健康について気になることがあれば、ボタンを押すと24時間のヘルスケアセンターとつながり相談できる体制になっている。持病やかかりつけの病院などの情報を、あらかじめ登録し、救急車による搬送が必要になった場合、救急隊員への引継ぎに役立てる。
❸無線通信機を内蔵した電気ポットを使い、離れて暮らす家族の生活を見守ることができる安否確認サービス。電気ポットの使用状況を、家族の携帯電話やパソコンにメールで通知するほか、契約者専用ウェブページで1週間のポット使用状況をグラフで見ることができる。

【参　考】

❶ホームネット株式会社　http://www.homenet-24.co.jp/service/
❷綜合警備保障株式会社　https://www.alsok.co.jp/person/mimamori/
❸象印マホービン株式会社　http://www.mimamori.net/

2－2 入居時（契約時）

高齢者などの家賃債務保証制度を利用した場合、費用負担を貸主、借主の折半とすることは可能ですか。

費用負担を貸主、借主の折半とすることは可能です。

解 説

　高齢者を属性とする登録住宅において家賃債務保証制度を利用することを「契約の条件」とすることは可能です【Q11参照】。
　なお家賃債務保証事業が、保険業法第3条第1項「保険業は、内閣総理大臣の免許を受けた者でなければ、行うことができない。」に違反するのではないか（家賃債務保証事業が同法の保険業に該当するのではないか）が問題となったことがありました。
　この点については、金融庁における法令適用事前確認手続において、
　① 賃貸人が保証料を負担する場合（平成24年4月17日付照会に対する同年7月6日付金融庁監督局保険課長による回答書）
　② 賃借人が保証料を負担する場合（平成26年4月28日付照会に対する同年5月14日付金融庁監督局保険課長による回答書）
において「それぞれ保険業法第3条第1項に違反せず、また同法第315条の罰則の対象となるものではないと考える」旨の回答がなされています。
　これによって、家賃債務保証事業は法令違反ではなく、その費用負担を貸主、借主の折半とするような家賃債務保証についても、保険業法に違反するものではなく、問題ないと考えられています。

⑴ 入居後の事情発覚について

2-3 入居中

本人が住宅確保要配慮者であることを隠してオーナー（賃貸人）との間で契約し入居いたしました。その後その事実が発覚しましたが、何か対応する必要があるのでしょうか。

A 本人が住宅確保要配慮者であることを隠していて入居した場合、賃貸借契約の解除事由にもなり得ますが、オーナーとしては慎重な対応が必要です。

解　説

　本法は住宅確保要配慮者に対して居住（住居）を確保することを目的としておりますが、一方で要配慮者の中には、プライバシーに関わる問題として属性を開示したくない場合もあります。その場合には、賃貸借契約が開始された後に、入居者の属性を賃貸人（大家）が知る場合があります。
　賃借人は、賃貸借契約を締結するにあたって、自らの属性についてすべてを説明（情報開示）する義務が課されているわけではありません。
　したがって、自ら住宅確保要配慮者であることを契約締結の際に説明しなかったからといって、ただちに賃借人に義務違反が生じるわけではありません。
　一般的に、賃貸借契約において賃貸人からの契約解除が有効に成立するには、❶義務違反があることと、❷それが信頼関係の破壊に至ることが必要であるとされています。
　まず❶についてですが、住宅確保要配慮者であることを隠していたことが契約違反であると判断されるためには、契約申込時に属性について入居申込書に虚偽がある場合は解除できる旨の規定を設けておくことが必要です。ある属性について虚偽の記載があったからといってすべて義務違反になるものではないと考えた方がよいでしょう。
　もし入居申込書の記載に虚偽があった場合でも、上記❷のとおり信頼関係の破壊に至るような事情がない場合は、賃貸人からの解除は認められませ

29

ん。賃借人による迷惑行為が発生するなどした際に、入居時に虚偽申請を行っていることを加味して、信頼関係の破壊がされているとなれば、解除が可能ということになります。

　ただ、仮に虚偽記載があった場合でも、LGBT など解除事由とすること自体が差別的な取り扱いとなって解除そのものの有効性が問題となり得ることに注意しましょう。

(2) 入居中のマナーに関して

2-3 入居中

Q15 入居者によるマナー違反やトラブル等で困っています。これは登録住宅に限らない話ですが、どのような点に注意する必要がありますか。
（「ハンドブック解説版」12、13頁参照）

A 契約締結に際して注意してほしいマナーも含めた事実確認をしっかりと行い、違反の程度が著しい場合は契約の解除を検討することになります。なお、外国人向けなど特定の分野については相談機関がありますので利用してください。

解 説

　入居者は登録住宅を使用するに際して善管注意義務を負っていますので、その使用方法は居住用建物としての目的に沿ったものでなければなりません。これに違反した場合には損害賠償請求ならびに場合によっては契約を解除することになります。

　これ以外に、契約（善管注意義務）違反とは言わないまでも、いわゆる「マナー違反」が問題となるケースが多く発生しています。

　入居者によるマナー違反やトラブル等があった場合、具体的にどのような内容かを把握することが必要ですので、管理会社や連帯保証人に相談し、まずは詳細な事実確認を行うべきでしょう。

　具体的な問題を把握したうえで、入居者本人に問題がある場合には、入居者本人に対して、マナー違反やトラブル等を解決するために必要な是正等を求めることが適切です。

　その前提として契約締結に際して、問題となることが多いマナー違反やトラブルの事情を詳しく説明し、違反しないように注意しておくことも必要です。

　入居者本人に是正等を求めることによって、問題が解決すればそれでよいのですが、それでもマナー違反やトラブル等が継続する場合には、さらに入居者本人に対して厳重注意をし、それでも解決されないようであれば、入居者本人との賃貸借契約を解除することも検討すべきでしょう。

第2章 ● 各 論

　マナー違反やトラブル等の内容が、賃貸借契約の条項に違反する場合は、当該条項違反になりますし、そうでない場合も、用法遵守義務違反になる場合があります。いずれにしても、それが賃貸人と賃借人の信頼関係が破壊される程度に至っていると評価される場合でないと、賃貸借契約を解除することはできません。解除しようとする場合には、信頼関係が破壊されているか否かを検討する必要があります。

　何度注意しても改善されず、信頼関係が破壊されているということになれば、賃貸借契約を解除して、明渡しを求めることが妥当です。

　また、マナー違反やトラブル等については、問題になってから対処するのではなく、できる限り未然に防止することが重要です。

　未然防止策としては、ゴミの出し方、騒音の防止やペットの扱いなどの生活ルール等をまとめた入居のしおりを作成し、契約時に説明のうえ、理解を求めておくことが有効です。

　外国人の方は、文化や習慣の違いなどから、日本の生活ルール等を知らない場合もありますので、入居のしおりなどを使って、特に丁寧に説明しておくことが重要です。

　なお、外国人の入居者に関しては【Q16参照】。

2 - 3 入居中

要配慮者の中には外国人も含まれますが、外国人とはマナー違反等のトラブルが発生するのではないかと懸念しますが、どのような対応ができますか。

(「ハンドブック解説版」12、13頁参照)

外国人の契約件数は今後増加することが見込まれます。言葉の問題などコミュニケーションがとりにくい中で人権に配慮しながら、公的なサポート・資料を参考にして対応することが必要です。

解 説

　外国人との契約が今後増加すると思われる中では、まず外国人である入居者にきちんと契約内容を理解していただいたうえで契約を締結することが必要です。

　現在、国土交通省ならびに関係団体が、以下の内容の資料を作成しています。

　これらを参考にして契約の締結の際にマナーの点も含めきちんとした理解をしてもらうことが重要です。

1　外国人の民間賃貸住宅入居円滑化ガイドライン

　　国土交通省が、外国人の民間賃貸住宅の円滑な入居を目的として、賃貸人、仲介業者・管理会社のために実務対応マニュアルを作成し、ホームページで掲載しています。

　　日本語、英語、中国語、韓国語、スペイン語、ポルトガル語の6か国語で作成した「入居申込書」「重要事項説明書」「賃貸住宅標準契約書」「定期賃貸住宅標準契約書」等の見本を掲載しています。

　　「外国人の民間賃貸住宅入居円滑化ガイドライン」の内容は以下のとおりです。

2　外国人向け部屋探しのガイドブック

　国土交通省は、日本で部屋探しをする外国人の方の参考としていただくために、日本語、英語、中国語、韓国語、スペイン語、ポルトガル語の6か国語で「部屋探しのガイドブック」を作成し、ホームページに掲載しています。

　このガイドブックの中には、入居後の住まい方のルールや日本住居に関する説明等、外国人の方が日本で生活するうえで必要な基礎知識や役立つ情報が書かれていますので入居にあたっての説明の際等参考にすることが有効です。

　外国人向け部屋探しのガイドブックは以下のとおりです（「日本で部屋探しをする外国人の方へ」）。

3　その他

(1)　「入居のしおり」を作成するとともに、「入居者情報シート」を作成してきちんとした情報共有を行うことが必要です。

　「入居者のしおり」の中では、ゴミの出し方、騒音防止やペットの扱い等の生活のルール等をまとめており、契約の際に理解をすることが必要です。

(2)　外国人に関連する相談機関としては以下の機関があります。

①　一般財団法人自治体国際化協会

　［多言語生活情報ホームページ］

　日本語、英語、中国語、韓国・朝鮮語、ドイツ語、フランス語、スペイン語、ポルトガル語、タガログ語、ベトナム語、インドネシア語、タイ語、ロシア語、ミャンマー語で、部屋を借りる時に必要な情報提供をしています。

　http://www.clair.or.jp/tagengo/

②　特定非営利活動法人かながわ外国人すまいサポートセンター

　外国人のために、英語、中国語、韓国・朝鮮語、スペイン語、ポルトガル語で住宅に関するさまざまな相談や通訳に応じてくれます。部屋探しの支援もしています。

　電話　045-228-1752

　http://www.sumasen.com/

③　埼玉県県民生活部国際課

［あんしん賃貸住まいサポート店制度］

「あんしん賃貸住まいサポート店」として県に登録された不動産店が、外国人の住まい探しに協力します。同サポート店のリストはホームページで情報提供しています。

電話　048－830－2705

http://www.pref.saitama.lg.jp/a0306/documents/201503anshinlistnihongo.pdf

④　地方自治体や国際交流協会の「外国人相談」

住宅の相談にも応じるので問い合わせてください。

2-3 入居中

借主が長期間不在になった場合、室内の状況が心配になります。特に火事・漏水など他の居住者への影響を賃貸人としては考慮せざるを得ません。そこで一定期間（たとえば、１週間）以上連絡が取れない場合、賃貸人が室内に入ることができる旨の特約を設けて契約したいのですが、問題ないでしょうか。

「一定期間連絡が取れない場合には賃貸人が入室できる」という特約（立入特約）の有効性については、明確な判断がしにくいところがあり、仮に契約書にその旨記載した場合でも慎重な対応が求められます。

解　説

　あらかじめ賃貸借契約の特約で、「賃借人の同意を得ないで室内に立ち入ることができる」という、いわゆる立入特約の有効性については、賛成・反対の意見が対立していました。
　最高裁は、土地の使用貸借契約の終了後、貸主たる土地所有者が借主の建築した仮設店舗の周囲に板囲いを設置した場合に、借主がその板囲いを実力をもって撤去した行為の当否が問題となった事案につき、借主の不法行為責任が認められた事例で、「私力の行使は、原則として法の禁止するところであるが、法律に定める手続によったのでは、権利に対する違法な侵害に対抗して現状を維持することが不可能又は著しく困難であると認められる緊急やむを得ない特別の事情が存する場合においてのみ、その必要の限度を超えない範囲内で、例外的に許されるにすぎない」と判示しています（最判昭和40年１月27日民集19巻９号2101頁、判時436号37頁）。この判例は、原則として私力の行使は禁止されており、「緊急やむを得ない特別な事情が存在する場合においてのみ必要最小限の範囲で例外的に許される」と判断しており、私力の行使が極めて例外的であることを明確に位置付けています。
　またひとつの例として、東京地裁平成18年５月30日判決は、立入特約の有効性について、「公序良俗に反するもの」として無効という判断をしていま

す。これらを前提とすると、居住者の権利（占有権）が明確に認められています。

　一方で、東京地裁平成6年3月16日判決は、「賃借人が一か月以上無断不在をした場合は賃貸借契約を解除できる」旨の特約について、本件建物の特質（築35年の木造2階建、6世帯）から賃貸人はこのような条項を設ける必要性があり、賃借人相互の防犯、防災その他の快適な生活維持の観点からもこの条項に合理性を認めることができるとして、その効力を認め、無断不在を繰り返した賃借人に対する賃貸人の契約解除を有効と判断しています。この判決が「賃借人相互の防犯、防災その他の快適な生活維持の観点からもこの条項に合理性を認めることができる」と記載している点は賃借人の権利（占有権）も他の賃借人の権利との調整が図られるものであり、その意味からは一定の制限を受けるものと解釈することができます。しかしながら、立入条項の有効性を明確に認めたものではありません。その点は誤解のないようにしましょう。

　一定の期間連絡が取れない場合に立入することができる旨の規定（立入特約）を契約書に記載しても、以上の判例の考え方を前提とすれば有効性は認められにくいと判断せざるを得ません。例外的に「緊急やむを得ない特別の事情が存する場合」には許容される可能性がありますが、慎重な対応が必要です。

【高齢者に関しては、Q23参照】

2－3 入居中

Q18 入居者と連絡が取れなくなりました。立入特約（Q17参照）も規定しておりません。室内の状況も分からず、立ち入ることもできないということであれば賃貸人としてはただ心配するしかないのでしょうか。どこかに相談することはできますか。　（「ハンドブック解説版」18～20頁参照）

A まずは、緊急連絡先に連絡し、連絡が取れない場合には、状況に応じて警察や福祉事務所等に相談するのがよいでしょう。

解　説

　入居者と連絡が取れない場合、まずは緊急連絡先に連絡をして状況確認を行うようにします。緊急連絡先がない場合は、連帯保証人や身元引受人など、本人以外で連絡先を把握できている方に連絡することで、状況確認することも有効です。

　その意味からすれば、緊急時の連絡先を事前に把握するために「入居者情報シート」の作成は有効です。

　また、長期不在にするときは大家さんや管理会社に事前に連絡することを入居者に義務付ける旨の規定を契約書に記載しておくことも有効です。

　緊急連絡先等に連絡が取れなかったり、連絡をしても状況が把握できなかったりして、早急な対応が必要と思われる場合には、警察や福祉事務所等への連絡、相談をすることが必要でしょう。

　相談機関としては以下の場所があります。

①　居住支援協議会（要配慮者全般）

　それぞれの地域において、要配慮者の民間賃貸住宅への円滑な入居の促進に関し必要な措置について協議をするために、地方公共団体、不動産関係団体や居住支援団体等で組織されているもので、要配慮者と賃貸人の双方に対して、住宅情報の提供等の支援を行っています（法第51条）。

　なお、平成29年法改正によって、法律上の名称が「居住支援協議会」か

ら「住宅確保要配慮者居住支援協議会」に変更されていますが、いずれも同じものです。

②　地域包括支援センター（高齢者に関する相談）

　地域包括支援センターは、高齢者の暮らしを地域でサポートするための拠点として、市町村などが設置しており、保健師・社会福祉士・主任ケアマネージャー等が配置されています（介護保険法第115条の46）。

　高齢者ご本人だけではなく、賃貸人を含む地域の住民からの各種相談を幅広く受け付けて、介護予防や包括的支援などの横断的な支援につなげる機関です。

③　福祉事務所（社会福祉全般に関する相談）

　福祉事務所は、都道府県及び市（特別区を含む）には必ず、町村には任意で設置されており、生活に困っている方々、高齢者、障害者などの相談を受け付けて、生活保護の実施や障害者手帳の交付をはじめとする必要な支援を行っている社会福祉全般を扱う機関です（社会福祉法第15条）。

④　社会福祉協議会・民生委員等（社会福祉全般に関する相談）

　社会福祉協議会は、高齢者や障害者の在宅生活の支援、福祉サービスの利用援助や日常的な金銭の管理等をはじめとする社会福祉活動を推進するために、地域の社会福祉施設や社会福祉法人等が参加している営利を目的としない民間組織です（社会福祉法第109条、110条）。

　民生委員は、厚生労働大臣から委嘱されて、それぞれの地域で住民の立場に立って相談に応じ、必要な援助を行い、社会福祉の増進に努める方々です。給与の支給はなく、ボランティアとして活動しています（民生委員法第5条）。

　民生委員は児童委員を兼ねることとされており、地域の子どもたちが元気に安心して暮らせるように、子どもたちを見守り、子育ての不安や妊娠中の心配ごとなどの相談・支援等を行います（児童福祉法第16条）。

2－3 入居中

Q19 障がい者の奇声や奇怪な声で近隣の方に迷惑が掛かっているので注意しようと思うのですが、通常の指導と違って気をつけることがありますか。
（「ハンドブック解説版」4頁以降参照）

A 住宅セーフティネット制度に関わる自治体、居住支援法人等と連携をして対応するのが適切です。

解　説

　住宅セーフティネット制度においては、法律の中で、障がい者の方も住宅確保要配慮者として位置付けられています。

　住宅セーフティネット制度上の入居を拒まない住宅として登録をする際に、入居を拒まない住宅確保要配慮者の属性として、障がい者も選択している場合は、障がい者の方が居住することも念頭に置くことが必要ですが、障がい者の方であるからといって、直ちに近隣の方々に迷惑がかかるというわけではないので、必要以上に警戒しすぎることはないと思われます。

　ただし、障がい者のもつ障害の内容によっては、近隣の住民の方が不安に感じるようなケースもあるので、もし問題が起きた時には適切に対処できるよう備えておくことが必要でしょう。

　相談内容に応じて、アドバイスを受けたり地域で実施されている支援制度を利用できる場合があります。

　ちなみに相談できるものとして以下の機関があります。

① **居住支援協議会（要配慮者全般）**

　それぞれの地域において、要配慮者の民間賃貸住宅への円滑な入居の促進に関し必要な措置について協議をするために、地方公共団体、不動産関係団体や居住支援団体等で組織されているもので、要配慮者と賃貸人の双方に対して、住宅情報の提供等の支援を行っています（法第51条）。

　なお、平成29年法改正によって、法律上の名称が「居住支援協議会」から「住宅確保要配慮者居住支援協議会」に変更されていますが、いずれも

同じものです。

②　福祉事務所（社会福祉全般に関する相談）

　福祉事務所は、都道府県及び市（特別区を含む）には必ず、町村には任意で設置されており、生活に困っている方々、高齢者、障害者などの相談を受け付けて、生活保護の実施や障害者手帳の交付をはじめとする必要な支援を行っている社会福祉全般を扱う機関です（社会福祉法第15条）。

③　社会福祉協議会・民生委員等（社会福祉全般に関する相談）

　社会福祉協議会は、高齢者や障害者の在宅生活の支援、福祉サービスの利用援助や日常的な金銭の管理等をはじめとする社会福祉活動を推進するために、地域の社会福祉施設や社会福祉法人等が参加している営利を目的としない民間組織です（社会福祉法第109条、110条）。

　民生委員は、厚生労働大臣から委嘱されて、それぞれの地域で住民の立場に立って相談に応じ、必要な援助を行い、社会福祉の増進に努める方々です。給与の支給はなく、ボランティアとして活動しています（民生委員法第5条）。

　民生委員は児童委員を兼ねることとされており、地域の子どもたちが元気に安心して暮らせるように、子どもたちを見守り、子育ての不安や妊娠中の心配ごとなどの相談・支援等を行います（児童福祉法第16条）。

(3) 高齢者関係

2-3 入居中

高齢者を属性とする登録住宅のオーナーですが、入居者の方が最近外出が少なくなったようで、お元気で生活しているかどうか心配になります。そこで3日間以上電話などでの連絡がつかない場合は、ご自宅に伺えるようにしたいのですが問題ないでしょうか。

原則として居住者の同意なくして立ち入ることはできません（Q17参照）。仮に契約に特約として入れた場合でも慎重な対応が必要です。相談機関などを利用して色々な対応を検討するのがよいと思われます。

解　説

　高齢者の場合には寒い時期や暑い時期での外出を控えることが多く、健康問題も含めて心配になることがオーナーとしては多いと思います。
　立入条項の適法性については【Q17】でも説明したとおりですが、あらかじめ賃貸借契約の特約で、「賃借人の同意を得ないで室内に立ち入ることができる」という、いわゆる立入特約の有効性については、明確に根拠付けるものがありません。
　最高裁は、土地の使用貸借契約の終了後、貸主たる土地所有者が借主の建築した仮設店舗の周囲に板囲いを設置した場合に、借主がその板囲いを実力をもって撤去した行為の当否が問題となった事案につき、借主の不法行為責任が認められた事例で、「私力の行使は、原則として法の禁止するところであるが、法律に定める手続によったのでは、権利に対する違法な侵害に対抗して現状を維持することが不可能又は著しく困難であると認められる緊急やむを得ない特別の事情が存する場合においてのみ、その必要の限度を超えない範囲内で、例外的に許されるにすぎない」と判示しています（最判昭和40年1月27日民集19巻9号2101頁、判時436号37頁）。この判例は、原則として私力の行使は禁止されており、「緊急やむを得ない特別な事情が存在する場合においてのみ必要最小限の範囲で例外的に許される」と判断しており、私

力の行使が極めて例外的であることを明確に位置付けています。

またひとつの例として、東京地裁平成18年5月30日判決は、立入特約の有効性について、「公序良俗に反するもの」として無効という判断をしています。これらを前提とすると、居住者の権利（占有権）が明確に認められています。

一方で、東京地裁平成6年3月16日判決は、「賃借人が一か月以上無断不在をした場合は賃貸借契約を解除できる」旨の特約について、本件建物の特質（築35年の木造2階建、6世帯）から賃貸人はこのような条項を設ける必要性があり、賃借人相互の防犯、防災その他の快適な生活維持の観点からもこの条項に合理性を認めることができるとして、その効力を認め、無断不在を繰り返した賃借人に対する賃貸人の契約解除を有効と判断しています。この判決が「賃借人相互の防犯、防災その他の快適な生活維持の観点からもこの条項に合理性を認めることができる」と記載している点は賃借人の権利（占有権）も他の賃借人の権利との調整が図られるものであり、その意味からは一定の制限を受けるものと解釈することができます。しかしながら、立入条項の有効性を明確に認めたものではありません。その点は誤解のないようにしましょう。

一定の期間連絡が取れない場合に立入することができる旨の規定（立入条項）を契約書に記載しても、以上の判例の考え方を前提とすれば有効性は認められにくいと判断せざるを得ません。例外的に「緊急やむを得ない特別の事情が存する場合」の場合には許容される可能性がありますが、慎重な対応が必要です。

なお相談機関としては以下の機関があります。

①　居住支援協議会（要配慮者全般）

それぞれの地域において、要配慮者の民間賃貸住宅への円滑な入居の促進に関し必要な措置について協議をするために、地方公共団体、不動産関係団体や居住支援団体等で組織されているもので、要配慮者と賃貸人の双方に対して、住宅情報の提供等の支援を行っています（法第51条）。

なお、平成29年法改正によって、法律上の名称が「居住支援協議会」から「住宅確保要配慮者居住支援協議会」に変更されていますが、いずれも同じものです。

②　地域包括支援センター（高齢者に関する相談）

地域包括支援センターは、高齢者の暮らしを地域でサポートするための拠点として、市町村などが設置しており、保健師・社会福祉士・主任ケアマネージャー等が配置されています（介護保険法第115条の46）。

高齢者ご本人だけではなく、賃貸人を含む地域の住民からの各種相談を

幅広く受け付けて、介護予防や包括的支援などの横断的な支援につなげる機関です。

③ 福祉事務所（社会福祉全般に関する相談）

福祉事務所は、都道府県及び市（特別区を含む）には必ず、町村には任意で設置されており、生活に困っている方々、高齢者、障害者などの相談を受け付けて、生活保護の実施や障害者手帳の交付をはじめとする必要な支援を行っている社会福祉全般を扱う機関です（社会福祉法第15条）。

④ 社会福祉協議会・民生委員等（社会福祉全般に関する相談）

社会福祉協議会は、高齢者や障害者の在宅生活の支援、福祉サービスの利用援助や日常的な金銭の管理等をはじめとする社会福祉活動を推進するために、地域の社会福祉施設や社会福祉法人等が参加している営利を目的としない民間組織です（社会福祉法第109条、110条）。

民生委員は、厚生労働大臣から委嘱されて、それぞれの地域で住民の立場に立って相談に応じ、必要な援助を行い、社会福祉の増進に努める方々です。給与の支給はなく、ボランティアとして活動しています（民生委員法第5条）。

民生委員は児童委員を兼ねることとされており、地域の子どもたちが元気に安心して暮らせるように、子どもたちを見守り、子育ての不安や妊娠中の心配ごとなどの相談・支援等を行います（児童福祉法第16条）。

2 - 3 入居中

高齢者の方が入居中に認知症を患い、コミュニケーションがとりにくくなりました。
賃貸人としてどのような対応が可能でしょうか。

認知症になったからといって契約を解除することはできません。
早期に連帯保証人や緊急連絡先となっている方に連絡、相談して対応をすることが適切です。

解　説

　認知症になってしまったことで、契約に対しての色々な判断や対応が困難となってきますが、認知症を患ったこと自体が契約解除の事由になるわけではありません。
　ただ、賃料の滞納や迷惑行為をするようになってしまった場合は、それが貸主と借主との間の信頼関係を破壊する程度のものになった場合は、契約解除が可能となることがあります。
　ただ認知症になった方を相手に明渡しを求めていくのは色々な意味で躊躇されるところもあり、困難な場合が多いものと思われます。
　したがって、入居者に認知症の兆候が見られたら、できるだけ早急に連帯保証人か、連帯保証人がいない場合は身元引受人、緊急連絡先となっている方に通知し対応を依頼するのが適切です。
　認知症の兆候が見られて、そこから病状が進行するに従って状況が深刻化することが予想されますので、認知症の兆候が見られ、トラブルが起こるようであれば、その内容を日付とともに記録し、連帯保証人等に対応するように連絡をすることがよいでしょう。
　なお、高齢者に関する相談機関としては、以下のようなものがあります。

① 居住支援協議会（要配慮者全般）
　それぞれの地域において、要配慮者の民間賃貸住宅への円滑な入居の促進に関し必要な措置について協議をするために、地方公共団体、不動産関係団体や居住支援団体等で組織されているもので、要配慮者と賃貸人の双方に対して、住宅情報の提供等の支援を行っています（法第51条）。

なお、平成29年法改正によって、法律上の名称が「居住支援協議会」から「住宅確保要配慮者居住支援協議会」に変更されていますが、いずれも同じものです。

② 地域包括支援センター（高齢者に関する相談）

地域包括支援センターは、高齢者の暮らしを地域でサポートするための拠点として、市町村などが設置しており、保健師・社会福祉士・主任ケアマネージャー等が配置されています（介護保険法第115条の46）。

高齢者ご本人だけではなく、賃貸人を含む地域の住民からの各種相談を幅広く受け付けて、介護予防や包括的支援などの横断的な支援につなげる機関です。

③ 福祉事務所（社会福祉全般に関する相談）

福祉事務所は、都道府県及び市（特別区を含む）には必ず、町村には任意で設置されており、生活に困っている方々、高齢者、障害者などの相談を受け付けて、生活保護の実施や障害者手帳の交付をはじめとする必要な支援を行っている社会福祉全般を扱う機関です（社会福祉法第15条）。

④ 社会福祉協議会・民生委員等（社会福祉全般に関する相談）

社会福祉協議会は、高齢者や障害者の在宅生活の支援、福祉サービスの利用援助や日常的な金銭の管理等をはじめとする社会福祉活動を推進するために、地域の社会福祉施設や社会福祉法人等が参加している営利を目的としない民間組織です（社会福祉法第109条、110条）。

民生委員は、厚生労働大臣から委嘱されて、それぞれの地域で住民の立場に立って相談に応じ、必要な援助を行い、社会福祉の増進に努める方々です。給与の支給はなく、ボランティアとして活動しています（民生委員法第5条）。

民生委員は児童委員を兼ねることとされており、地域の子どもたちが元気に安心して暮らせるように、子どもたちを見守り、子育ての不安や妊娠中の心配ごとなどの相談・支援等を行います（児童福祉法第16条）。

2－3 入居中

入居中の高齢者に内縁者が同居している場合、どう対処すればよいですか。

高齢者という住宅確保要配慮者として入居している場合、内縁者が同居していても特段問題はありません。入居者本人である高齢者が亡くなった場合は、相続人の有無等によって対応が異なります。

解　説

　入居者が、高齢者という理由で住宅確保要配慮者に該当し、住宅セーフティネット制度の対象の住宅に入居している場合、同居に関する特段の制約はありませんので、入居の際に、入居者として内縁者を賃貸人に知らせている場合は、内縁者が同居していても、住宅セーフティネット制度上は特段の問題はありません。

　その後、もし先に入居中の高齢者本人が亡くなった場合は、相続人の存否に従って対応が変わってくることになりますので、相続人の調査をすることが必要です。

　相続人がいない場合は、当該内縁者は借家権を相続するので（借地借家法第36条第１項）、賃貸人の意向にかかわらず、当該内縁者が継続して居住することを希望する場合は、賃貸借を継続しなければなりません。

　一方で、相続人がいる場合には、原則として相続人の借家権について判例は、内縁の配偶者は相続人の賃借権を「援用」することができるとしていますので（最高裁昭和37年12月25日判決、最高裁昭和42年２月21日判決）、やはり賃貸借を継続しなければならないものといえるでしょう。

　まず内縁者の方が入居を継続することを希望するのか否かを確認することが必要です。退去を希望する場合は、本人が退去する場合と同じように原状回復や敷金の精算等の必要な手続きを行い退去してもらうことになります。

2－3 入居中

 認知症など一定の病気等と診断された場合には、賃貸借契約を解除することは特約があれば可能ですか。

 認知症など一定の病気等と診断されただけで、賃貸借契約を解除することは難しいでしょう。

解　説

　賃貸借契約においては、契約違反があった場合にも、それが賃貸人と賃借人の信頼関係が破壊された場合でないと、解除はできないものと判例上解釈されています。
　認知症など一定の病気等と診断されただけでは、賃貸人と賃借人の信頼関係が破壊されたということにはならないものと考えられますので、これによって賃貸借契約を解除するということは難しいでしょう。
　ただし、認知症などの病気に罹患し、悪化してしまった場合に、迷惑行為を繰り返すようになり、その迷惑行為によって、賃貸人と賃借人の信頼関係が破壊されるまでに至った場合には、賃貸借契約の解除事由に該当することがあります。

2-3 入居中

Q24 認知症の高齢者がボヤを出した場合に、それを理由として賃貸借契約を解除することはできますか。

ボヤを出した状況等により、賃貸人と賃借人の信頼関係が破壊された状況になった場合は、賃貸借契約を解除できる場合もあり得ます。

解　説

　賃貸借契約においては、賃借人は、賃借する物件を、契約またはその目的物の性質によって定まった用法に従って使用し（民法第616条、第594条第1項）、物件を返還するまで善良な管理者の注意をもって保管すべき義務があるものとされています（民法第400条）。

　したがって、上記善管注意義務に違反する行為があれば、その違反の程度次第では、賃貸人と賃借人の信頼関係が破壊されたものとして、賃貸借契約の解除が認められる場合があります。

　飲食店における火災の事例ではありますが、東京地裁平成22年3月1日判決は、てんぷらを調理中に電話のために手を離していたところ、鍋の油に火が入り、その炎が台所に設置された換気設備周辺の油分に引火し、消火活動のために建物の一部が取り壊されたという事案において、賃借人の重大な過失により発生したものとして、善管注意義務について重大な違反があると認定し、賃貸借契約の解除を認めています。

　ボヤで済んで被害がほとんどないという場合には、解除が認められない可能性もありますが、認知症の程度を勘案し、今後同様の失火が起きる可能性が大きく、火災に至る危険性が極めて高いような状況であれば、解除が認められる場合もあり得るでしょう。

第2章●各　論

(4) 連帯保証関係

2－3 入居中

Q25 連帯保証人に対して何が請求できるか教えてください。連帯保証人がいない場合はどうすればよいですか。また連帯保証人に対してはどのような責任を求めることができますでしょうか。

A 連帯保証人の責任は法令や判例によって示されています。連帯保証人がいない場合には家賃債務保証会社を利用することができます。ただし、連帯保証人と家賃債務保証会社のそれぞれの責任範囲の違いがありますので注意が必要です。

解　説

**賃貸借契約における連帯保証人と
家賃債務保証の保証する範囲の違い**

　連帯保証人に求められる役割には、一般的に、金銭保証と不測の事態が発生した場合の緊急時対応の2つがあります。

　金銭保証については、入居者が家賃債務保証業者に保証料を支払うことで、家賃滞納があった場合に賃貸人が業者から立替え払いを受けられる家賃債務保証サービスを利用することが考えられます。

　連帯保証人の保証範囲は民法に基づく範囲として確定しますが、家賃債務保証の保証範囲は契約、商品によってそれぞれ異なります。

　連帯保証人は賃借人の賃料支払義務の他契約解除後の原状回復義務が履行されるまで、原状回復義務の不履行による損害賠償責任があるとされ（東京地判平成22年10月25日）、賃料以外の賃貸者に基づく債務（ただし明渡義務は含まれないとされ（大阪地判昭和51年3月12日）、契約の解除権も限定的にはあるとされています（東京地判昭和56年8月28日）。

　これに対して家賃債務保証については、原状回復、残置物処理など、それぞれの契約によってその内容が異なりますが、滞納や家賃の他に残置物の処理費用や原状回復費用まで保証される場合もあります。また、金銭債務の保証以外には見回りや不測の事態が発生した場合の緊急対応などが含まれるケースもあります。

なお、家賃債務保証については、民間事業者のほか、居住支援協議会など
が家賃債務保証を行っている場合もあります。また、平成29年法改正で創設
された居住支援法人は、その業務として、登録住宅の入居者の家賃債務を保
証することがありますので、必要に応じて、地域の居住支援協議会等にご確
認いただくのがよいでしょう（法第41条）。
　このように連帯保証人の保証範囲は法律（判例を含む）によって内容があ
らかじめ決まっていますが、家賃債務保証については契約の内容によってそ
れぞれ異なります。

2-3 入居中

Q26 家賃債務保証業者が破産したり、国から家賃債務保証業者としての登録を抹消された場合に、すでに締結した契約に影響を与えますか。

家賃債務保証業者が登録抹消されても契約は有効です。

解説

　保証人が破産した場合でも、賃貸借契約に影響は与えないからです。ただし、契約書の内容に、契約終了事由として「連帯保証人（または家賃債務保証業者）の破産」が記載されている場合には、家賃債務保証業者以外に連帯保証人がいる場合や、新たに別の家賃債務保証業者と契約できる場合には契約は終了しないものと思われます。

　また、国土交通省に家賃債務保証業者として登録するかどうかは、あくまで任意の制度であることから、登録が抹消された場合でも、賃貸借契約に影響は与えません。

2-3 入居中

高齢者などで家賃債務保証業者を利用した場合、悪質な督促などへの国の監督制度はありますか。

家賃債務保証業者の登録制度という制度や、公益財団法人日本賃貸住宅管理協会の家賃債務保証事業者協議会があります。

解説

　家賃債務保証の業務の適正化を図るために、国土交通省の告示による家賃債務保証業者の登録制度というものがあります（告示公布平成29年10月2日、告示施行平成29年10月25日）。
　この制度は、一定の要件を満たす家賃債務保証業者を国に登録し、その情報を公表することにより、家賃債務保証業者選択の判断材料として活用することを可能とするものです。登録を受けた家賃債務保証業者については、独立行政法人住宅金融支援機構による保険を利用することができ、保証料を低廉化するための補助を受けられる場合があります【Q10参照】。
　登録の基準として、以下のような項目が課されています。

❶暴力団員等の関与がない
❷安定的に業務を運営するための財産的基礎（純資産額1,000万円以上）
❸法令等遵守のための研修の実施
❹業務に関する基準を規定した内部規則・組織体制の整備
❺求償権の行使方法が適切である
❻相談又は苦情に応ずるための体制整備
❼法人の場合、家賃債務保証業を5年以上継続していること又は常務に従事する役員のうちに、家賃債務保証業務に3年以上従事した経験がある
❽使用人（事務所の代表者）について家賃債務保証業の経験が1年以上

　業務適正化のルールとして、以下のルール等を遵守することとされています。

❶登録業者の従業者であることを証する証明書の携帯

❷暴力団員等の排除
❸虚偽告知及び誇大広告の禁止
❹違約金等について消費者契約法に反する契約の制限
❺契約締結までに重要な事項に関する説明・書面交付
❻契約締結時の書面交付
❼賃借人毎の弁済履歴を記録した帳簿の備付け
❽登録業者であることを表示する標識の掲示
❾受領した家賃等について自己の財産と分別して管理
❿業務及び財産の分別管理等の状況の報告　等

　加えて、登録業者に対して以下の指導等が実施されるものとされており、業務が適正に行われるように担保されています。
❶適正な業務運営確保のための報告徴収及び資料提出
❷違反行為等に係る指導、助言、勧告及び登録の抹消
❸登録の取消等の事実の公表　等
平成30年5月9日時点では、47社が登録されています。

　また、公益財団法人日本賃貸住宅管理協会の家賃債務保証事業者協議会では、賃借人及び賃貸人の利益保護を図るため、会員に業務適正化に係る自主ルールを定めており、家賃債務保証に関してお困りの方への相談事業も行っています。

公益財団法人日本賃貸住宅管理協会　家賃債務保証事業者協議会
HP「家賃債務保証事業者協議会　加盟会社一覧」
http://www.jpm.jp/hoshou/council/member.php

2-3 入居中

賃貸借契約の更新時に借主が家賃債務保証業者との契約を更新しなかった場合はどうなりますか。

賃貸人と家賃債務保証業者との保証契約の内容によります。

解　説

　借主が家賃債務保証業者との契約を更新しなかった場合には、賃貸人と家賃債務保証業者との保証契約が終了するという定めになっている場合には、保証がない状態になりますので、賃貸人は賃借人に対し保証人を立てるか、別の家賃債務保証業者との契約をするよう求めることが必要でしょう。

　一方で、借主が家賃債務保証業者との契約を更新しなかった場合には、賃貸人と家賃債務保証業者との保証契約が終了するという定めがない場合は、借主が家賃債務保証業者との契約を更新しなかった場合も、賃貸人と家賃債務保証業者との保証契約は存続することになります。

2－3 入居中

 入居中に連帯保証人が亡くなった場合の対応について教えてください。

 亡くなった連帯保証人の相続人の状況によって対応が異なります。

解　説

　連帯保証人が亡くなった場合、その連帯保証人の相続人が保証債務を承継することになります（賃借人のための保証は相続性があるとする大審院昭和9年1月30日判決）。したがって、連帯保証人の保証債務を相続した方が、連帯保証人になります。

　ただし、法定相続人が皆相続放棄をする等して相続人が不在となった場合は、連帯保証人がいない状態になってしまいますので、新たに追加するよう賃借人に求めることが必要でしょう。

　また、相続人が未成年等で行為能力がない場合や、資力がない場合には、賃貸人は、賃借人に対して、行為能力があり、かつ資力を有するような連帯保証人をつけるように請求することができます（民法第450条）。

　この場合、現実的に連帯保証人候補がいない場合には、保証会社を使用することを促すことも選択肢として対応することを検討するのが適切でしょう。

2-3 入居中

Q30 単身の入居者が亡くなって、相続人や連帯保証人等がいない場合、残置物の処理について教えてください。（「ハンドブック解説版」22、23頁参照）

A 残置物については、入居時の契約において、その処理に関する条項を設けておくことが考えられます。

解説

　残置物については、入居時の契約において、その処理に関する条項を設けておくことが考えられます（以下、【残置物の処理に関する契約条項の例】参考）。
　また、相続人のいない入居者の残置物については、関係法令にのっとり、相続財産管理人の選任の申立て等を行うこととなり、一般的に、❶金銭的な価値があるものや入居者の関係者にとっては価値があるものと、❷その他の生活ゴミ等では扱いが異なってきます。
　入居者加入の家財保険や家賃債務保証、賃貸人加入の損害保険等には、残置物の処理や原状回復費用を対象としているものもあるので、これらに加入していた場合には、各社にお問い合わせをすることが適切でしょう。

【残置物の処理に関する契約条項の例】

> （残置物の引取り等）
> **第○条** 借主（乙）は、乙の死亡があった場合において、本契約が終了した後に乙の残置物がある場合に備えて、あらかじめ、当該残置物の引取人（以下「残置物引取人」という。）を定めることができる。
> 2　前項の規定により残置物引取人を定めた場合にあっては、貸主（甲）は、乙の死亡があった場合において、本契約が終了した後遅滞なく、乙又は残置物引取人に本契約が終了した旨を連絡するものとする。
> 3　乙又は残置物引取人は、乙の同居人である配偶者（以下「同居配偶者」という。）が本物件に引き続き居住することに反対の意思を表示し

たとき又は同居配偶者が乙の死亡があったことを知った日から1月を経過する日までの間に甲に対し本物件に引き続き居住する旨の申出を行わなかったときから更に1月を経過する日（以下「残置物引取期日」という。）までに、当該残置物を引き取らなければならない。

4　甲は、乙又は残置物引取人が、同居配偶者が本物件に引き続き居住することに反対の意思を表示したとき又は残置物引取期日までに当該残置物を引き取らない場合にあっては、当該残置物を乙又は残置物引取人に引き渡すものとする。この場合においては、当該引渡しの費用を敷金から差し引くことができる。

5　甲は、乙が残置物引取人を定めない場合にあっては、同居配偶者が本物件に引き続き居住することに反対の意思を表示したとき又は残置物引取期日を経過したときは、当該残置物を処分することができるものとする。この場合においては、当該処分の費用を敷金から差し引くことができる。

　なお、公営住宅における単身入居者の残置物については、国土交通省住宅局から、その対応方針（案）が示されており、参考になるものと思われます。

【公営住宅における単身入居者死亡後の残置物の対応方針の策定について（抄）、「ハンドブック解説版」103頁〜107頁参照】

(5) 家賃滞納関係

2-3 入居中

Q31 入居者が家賃等を払えなくなった場合、どうすればよいですか。
（「ハンドブック解説版」14、15頁参照）

A 滞納の原因を把握し、原因に応じた制度の利用を促すことが有効です。場合によっては、連帯保証人や保証会社への請求や、支払督促等の法的手段も検討すべきでしょう。

解 説

　入居者が家賃を滞納する理由はさまざまです。

　滞納家賃は、電話連絡や文書の送付等によって、速やかに支払われることが多いですが、ときには滞納を繰り返すことになったり、長期間の滞納につながったりする場合もあります。早期に入居者への声かけや連帯保証人・家賃債務保証会社への相談を行い、滞納理由を把握することが重要です。

　滞納理由を把握したうえで、入居者本人に対して、賃料と併せて滞納分も支払うように促していくことから始めます。

　また、入居者が生活に困窮している様子がうかがえるようであれば、生活困窮者自立支援制度を紹介することも有効です。生活困窮者自立支援制度とは、生活困窮者自立支援法に基づく生活困窮者のための支援制度で、生活全般にわたる困りごとの相談窓口として、自立相談支援機関が全国に設置されています。離職等により住居を失った方や失うおそれの高い方で、一定の要件を満たしている場合、就職に向けた活動をすることなどを条件として、一定期間、家賃相当額を支給する「住居確保給付金の支給」等の支援があります【「生活困窮者自立支援制度」厚生労働省HP参照】。そこから生活保護制度の利用につながることもあります。

第2章●各 論

　入居者本人に連絡がつかない場合や、入居者本人に真摯な対応が見られない場合は、連帯保証人がいれば連帯保証人に、家賃債務保証を利用していれば家賃債務保証会社から支払いを受けるよう請求することが適切でしょう。

　ただし、滞納が長期化する場合には、そのまま連帯保証人等から回収するだけでは、信義則上、ある一定期間後の連帯保証人への請求が認められない可能性もありますので、その場合は、賃料滞納を理由として賃貸借契約を解除し、明渡しを求めることも検討すべきでしょう。

2 - 3 入居中

 生活保護受給者が家賃等を滞納した場合、どこに相談すればよいですか。
（「ハンドブック解説版」14、15頁参照）

 地域の福祉事務所に連絡し、自治体から生活保護受給者に支給される住宅扶助費等を、直接、大家さん等に支払うことにする代理納付制度が利用できないか相談するのが適切でしょう。

解　説

　生活保護制度とは生活保護法に基づき、資産や能力等すべてを活用しても、なお生活に困窮する方に対して、困窮の程度に応じて必要な保護を行い、健康で文化的な最低限度の生活を保障し、その自立を助長する制度です【「生活保護制度」厚生労働省 HP 参照】。

　賃貸住宅に入居する生活保護受給者に対しては、一定の要件のもと、生活保護の実施機関（福祉事務所）から、家賃相当額の住宅扶助費、共益費相当額を含む生活保護費の支給があります。

　住宅扶助費等は、原則として、受給者本人に現金給付され、その後、受給者から賃貸人に家賃等が支払われることになりますが、福祉事務所の判断によって、住宅扶助費等を直接賃貸人に支払うことにする代理納付制度が活用できます（生活保護法第37条の２）。

　また、住宅セーフティネット制度では、入居を拒まないこととする要配慮者について、たとえば、「低額所得者の入居を拒まない。ただし、生活保護受給者については、住宅扶助費などを代理納付する場合には、入居を拒まない」といった条件の追加ができます。

　さらに、住宅セーフティネット制度では、代理納付を推進するための措置が設けられています。具体的には、法第21条に基づき、一定の要件に該当す

第2章●各 論

る登録住宅の賃貸人は、入居者である生活保護受給者が家賃を滞納している等の事情がある場合に、福祉事務所に対して、その旨を通知できることとされており、通知を受けた福祉事務所では、代理納付の要否を判断するため、速やかに事実確認等を行うこととされています。通知をすることができる賃貸人及び事情については、住宅セーフティネット制度に関する国土交通省と厚生労働省の共同省令（国土交通省・厚生労働省関係住宅確保要配慮者に対する賃貸住宅の供給の促進に関する法律施行規則）に定められています。通知をすることができる賃貸人は、住宅確保要配慮者居住支援協議会の構成員である登録事業者、賃貸住宅管理業者登録規程の登録を受けた賃貸住宅管理業者等に限られ、自らが賃貸人にならず管理だけ委託を受けている場合は、別途賃貸人から委任を受ければ通知を行うことができます。

通知を受けた保護の実施機関は、速やかに事実確認措置を講ずることとされており、代理納付の措置をする等の判断を行った場合は、被保護入居者と賃貸人に結果を通知するとされています。

2 - 3 入居中

Q33 家賃不払いが発生した場合に、特に要配慮者が借主の場合に注意すべき点はありますか。
（「ハンドブック解説版」14頁、16頁参照）

滞納の理由が生活困窮にあるとすれば生活困窮者支援制度を紹介するのが良いです。また、連帯保証人及び家賃債務保証会社を利用していれば保証会社に連絡することが必要です。その他代理納付制度の利用も検討すべきです。

解　説

1　生活困窮者支援制度

　生活困窮者支援制度とは、生活困窮者自立支援法に基づく支援制度で、相談窓口として自立相談支援機関が全国に設置されています。条件付きで一定期間家賃相当額を支給する「住居確保給付金の支給」等の支援制度があります（「生活困窮者自立支援制度」厚生労働省 HP）。

2　生活保護制度

　生活保護制度とは、生活保護法に基づき困窮の程度に応じて必要な保護を行い、健康で文化的な最低限度の生活を保障し、その自立を助長する制度です（「生活保護制度」厚生労働省 HP）。

　相談・申請窓口は地域の福祉事務所の生活保護担当です。

　福祉事務所は都道府県や市には必ず、町村には任意で設置されており、相談を受けて生活保護の実施や障害者手帳の交付を始めとする必要な支援を行っています（社会福祉法第14条。「福祉事務所」厚生労働省 HP）。

3　代理納付制度

　賃貸住宅に入居する生活保護受給者に対しては、一定の要件のもと、生活保護の実施期間（福祉事務所から）家賃相当額の住宅扶助費、共益費相当額を含む生活保護の支給があります。

　住宅扶助費等は原則として受給者本人に現金で支給され、その後受給者から大家さんに家賃等が支払われることになりますが、福祉事務所の判断によって直接大家さんに支払う代理納付制度が活用できます（生活保護法第37条の2）。

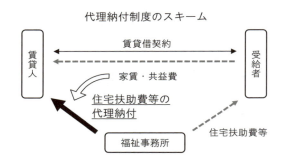

代理納付制度のスキーム

　住宅セーフティネット制度では、代理納付を推進するための制度として、法第21条に基づき、一定の要件の登録住宅の賃貸人は滞納の事情がある場合には福祉事務所に対してその旨を通知し、代理納付の要否を判断して事実確認を行うこととされています。

　通知をすることができる賃貸人および事情については、国土交通省と厚生労働省の共同省令（国土交通省・厚生労働省関係住宅確保要配慮者に対する賃貸住宅の供給の促進に関する法律施行規則）に規定されています【62頁参照】。

　なお、入居を拒まないこととする要配慮者については、「低額所得者の入居は拒まない。ただし、生活保護受給者については、住宅扶助費等を代理納付する場合には、入居を拒まない」といった条件付きとすることができます。

【申請書様式は、「ハンドブック解説版」132頁以下参照】

2－3 入居中

滞納が続いている住宅確保要配慮者に対して、連帯保証人から契約解除することはできますか。

連帯保証人から、賃貸借契約を解除することはできません。

解　説

　賃貸借契約は、賃貸人と住宅確保要配慮者である賃借人との間で成立しており、連帯保証人は、貸主との間で保証契約を締結しているという関係にあります。

　連帯保証人は、賃貸借契約の当事者ではないので、住宅確保要配慮者が滞納を続けていたとしても、賃料の滞納を理由に賃貸借契約を解除することはできないのです。

　連帯保証人としては、賃借人に対して、滞納状態を解消すべく、滞納賃料の支払いを促すほか、退去をしてそれ以上滞納が増えないようにすることが適切でしょう。

　また、賃貸人は、滞納状態を長期間放置しておきながら、連帯保証人に対して保証債務の履行請求をすることは、信義則に反するとして認められない場合がありますので（東京地裁平成25年6月14日判決）、賃貸人に対して、適切に対処するよう促すことも有効です。

⑹ その他

2-3 入居中

Q35 借主が長期入院した場合など、生活の拠点として使用できない状態になった場合には賃貸借契約を解除することは可能ですか。

A 理由によっては、特約を入れておくことで賃貸借契約を解除することができる場合もあります。

解　説

　賃貸借契約においては、賃借人は、賃借する物件を、契約またはその目的物の性質によって定まった用法に従って使用し（民法第616条、第594条第1項）、物件を返還するまで善良な管理者の注意をもって保管すべき義務があるものとされています（民法第400条）。

　したがって、借家契約において、建物の用法に関する特約があれば、その定めた用法に従って建物を使用収益すべきであり、原則として借地借家法第30条に違反して無効となるものではありません。

　ただし、軽微な用法違反の場合には、一般的に、特約どおりに解除を認めるべきではないと考えられています。

　裁判例（東京地判平成6年3月16日判時1515号95頁）では、「賃借人の無断不在が1か月以上に及ぶ場合は契約は当然解除される」という特約がある例について、契約が当然に解除されるとの部分は、賃貸借契約の解除の一般原則どおり、信頼関係理論により限定解釈をし、1か月以上の無断不在の事実があり、かつ、これによって賃貸人と賃借人の信頼関係が失われている場合には賃貸借契約を解除することができると解すべきですが、そのような限定はあるものの、当該契約の条項自体は有効であると判断されています。

　借主が長期入院するなどで、生活の拠点として使用できない状態になった場合には解除できる旨の条項を賃貸借契約書に入れたとしても、そのような状態になったことに加えて、これによって賃貸人と賃借人の信頼関係が失われた場合にのみ、契約の解除が可能と判断される可能性が高いと考えられます。

したがって、長期入院等した場合に、何も賃貸人に伝えず、物件の管理も
できない状態になってしまったような場合には、信頼関係が破壊されたもの
として解除が可能になることはあり得ます。しかし、長期入院等したことを
賃貸人に伝えたうえで、家族等が物件の管理を滞りなく行っていて、住居と
しての機能を損なわないように維持している場合には、解除までは認められ
ない可能性が高いものと想定されます。

2－3 入居中

入居中に生活保護を脱し、住宅確保要配慮者に該当しなくなった場合、改修費は戻さないといけないのでしょうか。
（「ハンドブック解説版」45頁、54～56頁、60頁）

改修費を返還する必要はありません。

解　説

　住宅セーフティネット制度の登録住宅については、以下の工事を対象として補助を受けることができます。
　❶耐震改修
　❷間取り変更
　❸シェアハウスへの改修
　❹バリアフリー改修
　❺居住のために最低限必要と認められた工事
　❻居住支援協議会等が必要と認める工事
　❼これらに係る調査設計計画の作成

　補助の限度額は、国費で50万円／戸ですが、❶～❸の工事を含む場合は、2倍になります。

　改修費の補助を受けた場合は、10年以上は入居者を以下の住宅確保要配慮者の属性のうち1つ、または複数の属性に限定する「専用住宅」として管理することが必要になります。

国による直接補助	国と自治体による補助
・子育て世帯・新婚世帯 ・高齢者世帯 ・障害者世帯等 ・外国人世帯	・子育て世帯・新婚世帯※ ・高齢者世帯※ ・障害者世帯等※ ・外国人世帯※

・供給促進計画に定める者	・供給促進計画に定める者※ ※　月収38.7万円以下に限る
・低額所得者（月収15.8万円以下） ・被災者世帯	・低額所得者（月収15.8万円以下） ・被災者世帯

　上記の要配慮者のうち、属性の選択は、1つでも、複数でも可能です。たとえば、「障害者の専用住宅」や、「高齢者、低額所得者、被災者の専用住宅」とすることができます。

　収入要件については、入居希望者から課税証明書等を提出してもらい、公営住宅法施行令で定められている算定方法によって、賃貸人等が確認する必要があります。

　国による改修費の直接補助を受けた登録住宅については、家賃が概ね公営住宅並みになるよう上限が設けられ、原則として、少なくとも10年間は、その上限を超える家賃を設定できなくなります。

　家賃及び家賃債務保証料低廉化の補助を受ける場合であっても、入居審査については、賃貸人等が行うこととなりますが、低額所得者を含む「専用住宅」とすることが必要です。この場合、入居者については、原則公募して、抽選その他公正な方法により選定することが必要です。「公募」については、登録住宅の情報を載せたホームページ「セーフティネット住宅情報提供システム」で検索可能な状態になっていれば足り、「公正な方法」とは、先着順等でも構わないとされています。

　被災者、DV被害者等で緊急的に住宅の確保が必要な方々については、他の手段により住宅を直ちに確保することが極めて困難であり、緊急避難的に使用することがやむを得ない場合、「専用住宅」の入居者資格を満たしていないときでも、一時的（概ね6か月以内）に入居していただくことは構わないとされています。

　ただし、専用住宅に関する上記の制限は入居の際にかかるものであり、入居後に住宅確保要配慮者ではなくなった場合にも、補助を受けていない登録住宅と同様に、特段問題ないものとなります【「ハンドブック解説版」54頁参照】。

2－3 入居中

亡くなったことによる請求は相続人と連帯保証人どちらに請求するものですか。

どちらに請求しても構いません。実際は、まず連帯保証人に請求し、相続人へも請求をしていくことが適切でしょう。

解　説

　入居者の方が亡くなった場合、その債務は相続人に承継されることになります。同時に、連帯保証人がついている場合は、連帯保証人も亡くなった入居者が負う債務について保証債務を負うことになりますので、賃貸人への支払義務を負います。

　相続人の負担割合についてですが、賃借人死亡前の滞納家賃等については、一般の金銭債務ということになり、法定相続人がその相続分に応じてこれを承継することになります。

　もし相続人が遺産分割協議をした結果、死亡した賃借人が負っていた債務について、法定相続分と異なる合意をした場合には、賃貸人としては、各相続人に対して法定相続分に応じた額の請求をすることもできますが、遺産分割協議の結果に従って債務を引き受けた相続人に対して請求をすることも可能です。

　相続人に対する請求は、相続人が多い場合には、法定相続分に従って多数の相続人に対して請求をする必要がありますし、そのための調査費用、時間もかかることから、まずは連帯保証人に請求し、並行して相続人の調査をしながら請求をしていく、というのが現実的な対処法でしょう。

2－4 退去時

 原状回復ガイドラインでは、車いすの跡等を直すために入居者に負担をお願いしてもよいですか。

 原状回復ガイドラインには、車いすの跡等についての明確な記載はありませんが、契約書に明確に規定することによって入居者の負担とすることも可能です。

解　説

　「原状回復をめぐるトラブルとガイドライン（再改訂版）」（国土交通省住宅局、平成23年8月。以下、「原状回復ガイドライン」といいます）には、車いすの跡等についての明確な記載はありません。

　この点について、「「原状回復をめぐるトラブルとガイドライン（再改訂版）」に関する意見募集について（主な意見）（意見募集期間：H23.6.28〜H23.7.15)」において、原状回復ガイドラインの「別表1　損耗・毀損の事例区分（部位別）一覧表（通常、一般的な例示）」に対する（意見）として、「キャスター付のイス等によるフローリングのキズ、へこみが削除されているが、高齢者専用賃貸等においては、車いす等を使用することが想定されており、また生活スタイルの変化により、キャスター付きのイスを利用することは通常の使用といえることから、この項目はA欄〔賃借人が通常の住まい方、使い方をしていても発生すると考えられるもの〕に移記すべきである。」というものが出されています。

　これに対する（考え方）として、「フローリングのキズ」については、検討会でも議論があり、実務上原状回復の対象としているケースも少ないこと、また、現在では質の良いフローリングが汎用していることなどから、利用実態等を個々に判断すべきものとしていずれの負担とすべきかを確定的に記述することは避けたものであるとの見解が示されています。

　このような考え方に照らしますと、車いすの跡等については、利用実態等により個々に判断されることとなります。もし入居者に負担をしてもらうということでしたら、通常損耗に当たると判断されても問題ないように、賃借人が補修費用を負担することになる範囲として車いすの跡の補修を、賃貸借契約書の条項に具体的に明示して、その旨の特約が明確に合意されている状

態にすることが適切です（最高裁平成17年12月16日判決参照）。

2－4 退去時

Q39 借主が入居5年後ぐらいから杖をつく状態になり、注意をしたにもかかわらず、その擦れ跡が酷いので原状回復費用を請求できますか。

A 利用実態に照らして、請求できる場合もあります。

解 説

　車いすの跡と同様に、原状回復ガイドラインには、杖の跡についての明確な記載はありません。車いすの跡の考え方と同様に、利用実態等を個々に判断すべきということになります。

　したがって、借主が入居5年後位から杖をつく状態になり、注意をしたにもかかわらず、その擦れ跡が酷いからといって、必ず特別損耗として、入居者に原状回復費用を請求できるとは限らず、個々の利用実態によって結論が変わってくるということになるでしょう。

　また、その判断のなかで、杖の利用が住宅確保要配慮者としての属性に関連するものであれば、通常損耗に当たると判断される可能性は高くなるものと想定されます。

　もし入居者に負担をさせるということであれば、そのことを明確に契約書面に定めたうえで、入居者の十分な認識と了解を以って契約をすることが適切なものと考えられます。

2-4 退去時

単身の入居者が亡くなった場合、どうすればよいですか。 （「ハンドブック解説版」21頁）

相続人や連帯保証人に対応を依頼し、入居者に身寄りがない場合は自治体に連絡のうえで必要な諸手続きを実施してもらうのが適切です。

解 説

単身の入居者が亡くなった場合、連帯保証人や緊急連絡先、相続人の方へご連絡のうえ、遺体の引き取り、部屋の明渡しなど、必要な対応を依頼することが必要です。

連絡先を事前に把握するためには、入居者情報シートの活用も有効でしょう（「入居者情報シート」参照）。

身寄りのない入居者の場合は、自治体が遺体を引き取り、埋葬や火葬を行うこととされていますので（墓地、埋葬等に関する法律第9条）、自治体へ連絡することが適切です。

【参照条文】

○墓地、埋葬等に関する法律（抄）　　　　　　（昭和23年法律第48号）
第9条　死体の埋葬又は火葬を行う者がないとき又は判明しないときは、死亡地の市町村長が、これを行わなければならない。
2　前項の規定により埋葬又は火葬を行つたときは、その費用に関しては、行旅病人及び行旅死亡人取扱法（明治32年法律第93号）の規定を準用する。

2－4 退去時

相続人や連帯保証人のいない入居者が亡くなった場合、残置物の処理や原状回復はどうすればよいですか。（「ハンドブック解説版」22、23頁参照）

残置物については、入居時の契約において、その処理に関する条項を設けておくことが考えられます。相続人のいない入居者の残置物については、関係法令にのっとり、相続財産管理人の選任の申立て等を行うこととなります。

解　説

　入居者が亡くなった場合、入居者の財産は相続人に継承されますので、居室内の残置物の処理についても、相続人と相談をすることが必要となります（民法第896条）。
　相続人の存在が明らかでない場合は、相続財産の扱いについては、家庭裁判所による相続財産管理人の選任を経て、所定の手続きに従うことになっています。
　したがって、相続人のいない入居者の残置物については、関係法令にのっとり、相続財産管理人の選任の申立て等を行うこととなります。
　一般的に、金銭的な価値があるものや入居者の関係者にとっては価値があるものと、その他の生活ゴミ等では扱いが異なってきます。
　相続人の同意が得られない場合や、相続人がいない場合に備えて、入居時の契約において、残置物について、その処理に関する条項を設けておくことが考えられます。
　また、公営住宅における単身入居者死亡後の残置物について、その対応方針（案）が示されていますので、これを参考にすることも有効です。
　なお、入居者加入の家財保険や家賃債務保証、賃貸人加入の損害保険等には、残置物の処理や原状回復費用を対象としているものもあるので、これらに加入していた場合には、各社にお問い合わせすることが適切でしょう。

2－4 退去時

契約者である入居者が亡くなった場合、契約の終了はどうすればよいですか。
(「ハンドブック解説版」24、25頁)

相続人がいれば、相続人と相談し、相続人がいなければ、関係法令にのっとり、相続財産管理人の選任の申立て等の手続きを行うことになります。

解　説

　賃料を支払ってある物を使用・収益する権利である賃借権は、財産権の一種で、相続の対象となります。

　契約者である入居者が亡くなった場合、賃借権は被相続人の財産に属し、他の財産とともに相続人に継承されますので、契約の終了については、相続人との相談が必要です（民法第896条）。

　また、相続人の存在が明らかでない場合は、相続財産は、家庭裁判所による相続財産管理人の選任を経て、所定の手続きに従うことになります（民法第951条～959条、第958条）。

　契約者である入居者の同居人が相続人である場合は、同居人は賃借権を相続し、継続して使用することができますので、同居人に契約の継続をする意思があるかを確認して、契約名義の変更など必要な手続きを行うべきです。

　この点に関して、同居人が相続人でない場合については、同居人と契約者の関係や相続人の有無など状況を踏まえた判断が必要になります。

　賃借権の相続に備えて、定期建物賃貸借契約や終身建物賃貸借契約等の制度を利用することも考えられます。

　定期建物賃貸借とは、契約で定めた期間が満了することによって、更新されることなく、確定的に契約が終了する借地借家法に基づく制度ですが、一定の期間として、「死亡時」等の不確定な期限を定めることはできません。したがって、入居者が亡くなったときに、直ちに契約が終了することにはなりませんが、所要の手続きを経て、契約で定めた期間が満了することで、相続人がいた場合でも、確定的に契約が終了することとなります。

　一方で、終身建物賃貸借とは、一定のバリアフリー等の基準を満たす賃貸

住宅において利用することができる賃借人の死亡によって賃貸借契約が終了する制度です（「高齢者の居住の安定確保に関する法律」第5章）。この制度を利用すれば、賃借権が相続されることはありません。基準を満たす賃貸住宅においては積極的な利用を検討することが望ましいでしょう。

【参照条文】

○**民法** (明治29年法律第89号)
（相続の一般的効力）
第896条 相続人は、相続開始の時から、被相続人の財産に属した一切の権利義務を承継する。ただし、被相続人の一身に専属したものは、この限りでない。
（相続財産法人の成立）
第951条 相続人のあることが明らかでないときは、相続財産は、法人とする。
（相続財産の管理人の選任）
第952条 前条の場合には、家庭裁判所は、利害関係人又は検察官の請求によって、相続財産の管理人を選任しなければならない。
2 前項の規定により相続財産の管理人を選任したときは、家庭裁判所は、遅滞なくこれを公告しなければならない。
（相続人の捜索の公告）
第958条 前条第1項の期間の満了後、なお相続人のあることが明らかでないときは、家庭裁判所は、相続財産の管理人又は検察官の請求によって、相続人があるならば一定の期間内にその権利を主張すべき旨を公告しなければならない。この場合において、その期間は、6箇月を下ることができない。
（権利を主張する者がない場合）
第958条の2 前条の期間内に相続人としての権利を主張する者がないときは、相続人並びに相続財産の管理人に知れなかった相続債権者及び受遺者は、その権利を行使することができない。
（特別縁故者に対する相続財産の分与）
第958条の3 前条の場合において、相当と認めるときは、家庭裁判所は、被相続人と生計を同じくしていた者、被相続人の療養看護に努めた者その他被相続人と特別の縁故があった者の請求によって、これらの者に、清算後残存すべき相続財産の全部又は一部を与えることができる。
2 前項の請求は、第958条の期間の満了後3箇月以内にしなければならない。

第2章●各　論

（残余財産の国庫への帰属）
第959条　前条の規定により処分されなかった相続財産は、国庫に帰属する。この場合においては、第956条第2項の規定を準用する。

第3章

お役立ち資料

1 関係機関

2 関係通知（「公営住宅における単身入居者死亡後の
残置物の対応方針の策定について（抄）」）

3 申請書様式（「住宅確保要配慮者円滑入居賃貸住宅
事業登録申請書」「住宅確保要配慮者
円滑入居賃貸住宅事業に係る登録事項
等の変更届出書」）

4 関係告示（「家賃債務保証業者登録規程」）

第3章 ● お役立ち資料

1　関係機関

(1)　全国の居住支援協議会の連絡先一覧（令和元年5月6日現在）

・　居住支援協議会とは、それぞれの地域において、要配慮者の民間賃貸住宅への円滑な入居の促進に関し、必要な措置について協議をするために、自治体、宅建業者や賃貸住宅管理業者等の不動産関係団体や居住支援団体等で組織されているもので、要配慮者と賃貸人の双方に対して、住宅情報の提供等の支援を行っています（法第51条）。なお、平成29年法改正によって、法律上の名称が「居住支援協議会」から「住宅確保要配慮者居住支援協議会」に変更されていますが、いずれも同じものです。

自治体名	自治体担当課	連絡先（TEL）
	協議会事務局	連絡先（TEL）
北海道	建設部住宅局建築指導課	011-231-4111（内線29471）
	（同上）	（同上）
北海道本別町	本別町総合ケアセンター	0156-22-8520
	（同上）	（同上）
青森県	県土整備部建築住宅課　住宅企画グループ	017-734-9695
	（公社）青森県宅地建物取引業協会	017-722-4086
岩手県	県土整備部建築住宅課　住宅計画担当	019-629-5933
	（一財）岩手県建築住宅センター	019-652-7744
宮城県	土木部住宅課　企画調査班	022-211-3256
	（同上）	（同上）
秋田県	建設部建築住宅課	018-860-2561
	（同上）	（同上）
山形県	県土整備部建築住宅課	023-630-2649
	（同上）	（同上）
山形県鶴岡市	建設部建築課　住宅管理係	0235-25-2111
	（同上）	（同上）
福島県	土木部建築指導課　民間建築担当	024-521-7528
	福島県耐震化・リフォーム等推進協議会	024-563-6213
茨城県	土木部都市局住宅課	029-301-4759
	（同上）	（同上）

自治体名	自治体担当課	連絡先（TEL）
	協議会事務局	連絡先（TEL）
栃木県	県土整備部住宅課	028-623-2484
	（一社）栃木県建築士会	028-639-3150
群馬県	県土整備部住宅政策課	027-226-3717
	（公財）日本賃貸住宅管理協会群馬県支部	027-323-0080
埼玉県	都市整備部住宅課	048-830-5573
	埼玉県住宅供給公社	048-829-2865
千葉県	県土整備部都市整備局住宅課	043-223-3255
	（同上）	（同上）
千葉県船橋市	建設局建築部住宅政策課	047-436-2712
	（社福）船橋市社会福祉協議会	047-431-2653
東京都	都市整備局住宅政策推進部住宅政策課	03-5320-4932
	（同上）	（同上）
東京都千代田区	保健福祉部生活支援課	03-5211-4215
	（同上）	（同上）
東京都文京区	福祉部福祉政策課	03-5803-1220
	（同上）	（同上）
東京都江東区	都市整備部住宅課　住宅指導係	03-3647-9473
	（同上）	（同上）
東京都豊島区	都市整備部住宅課　住宅施策推進グループ	03-3981-2655
	としまNPO推進協議会	03-5951-1508
東京都板橋区	都市整備部住宅政策課　住宅政策推進グループ	03-3579-2186
	（同上）	（同上）
東京都杉並区	都市整備部住宅課	03-3312-2111
	（同上）	（同上）
東京都世田谷区	都市整備部住宅課	03-5432-2505
	（同上）	（同上）
東京都日野市	まちづくり部都市計画課	042-514-8371
	（同上）	（同上）
東京都多摩市	都市整備部都市企画課	042-338-6817
	（同上）	（同上）

関係機関　関係通知　申請書様式　関係告示

第3章 ●お役立ち資料

自治体名	自治体担当課	連絡先（TEL）
	協議会事務局	連絡先（TEL）
東京都 八王子市	まちなみ整備部住宅政策課	042-620-7260
	（同上）	（同上）
東京都 調布市	都市整備部住宅課	042-481-7545
	（同上）	（同上）
神奈川県	県土整備局建築住宅部住宅計画課	045-210-6557
	（公社）かながわ住まいまちづくり協会	045-664-6896
神奈川県 川崎市	まちづくり局住宅政策部住宅整備推進課	044-200-2997
	川崎市住宅供給公社	044-244-7950
新潟県	土木部都市局都市政策課	025-280-5428
	（公財）日本賃貸住宅管理協会新潟県支部	025-211-8665
富山県	土木部建築住宅課	076-444-3358
	富山県住まい・街づくり協会	076-444-3355
石川県	土木部建築住宅課	076-225-1777
	（同上）	（同上）
福井県	土木部建築住宅課	0776-20-0505
	（同上）	（同上）
長野県	建設部建築住宅課	026-235-7339
	（同上）	（同上）
山梨県	県土整備部建築住宅課	055-223-1730
	（公社）山梨県宅地建物取引業協会	055-243-4300
岐阜県	都市建築部公共建築住宅課	058-272-8693
	（同上）	（同上）
岐阜県 岐阜市	まちづくり推進部まちづくり推進政策課	058-265-4141（内線6100）
	（同上）	（同上）
静岡県	くらし・環境部住まいづくり課	054-221-3081
	（同上）	（同上）
愛知県	建設部建築局住宅計画課	052-954-6568
	愛知県住宅供給公社	052-954-1356
三重県	県土整備部住宅課	059-224-2720
	（同上）	（同上）

自治体名	自治体担当課	連絡先（TEL）
	協議会事務局	連絡先（TEL）
滋賀県	土木交通部住宅課	077-528-4235
	（同上）	（同上）
京都府	建設交通部住宅課	075-414-5358
	（同上）	（同上）
京都府京都市	都市計画局住宅室住宅政策課	075-222-3666
	京安心すまいセンター	075-744-1670
大阪府	住宅まちづくり部都市居住課	06-6210-9707
	（同上）	（同上）
兵庫県	県土整備部住宅建築局住宅政策課	078-362-3583
	（公財）兵庫県住宅建築総合センター	078-252-3982
兵庫県神戸市	－	－
	（一財）神戸すまいまちづくり公社	078-222-0186
奈良県	県土マネジメント部まちづくり推進局住まいまちづくり課	0742-27-7540
	（同上）	（同上）
和歌山県	県土整備部都市住宅局建築住宅課	073-441-3214
	（同上）	（同上）
鳥取県	生活環境部くらしの安心局住まいまちづくり課	0857-26-7408
	（公社）鳥取県宅地建物取引業協会	0857-23-3569
島根県	土木部建築住宅課　住宅企画グループ	0852-22-5226
	（一財）島根県建築住宅センター	0852-26-4577
岡山県	土木部都市局住宅課　計画班	086-226-7527
	（一社）岡山県宅地建物取引業協会	086-222-2131
広島県	土木建築局住宅課　住宅企画グループ	082-513-4164
	（公社）広島県宅地建物取引業協会	082-243-0011
山口県	土木建築部住宅課	083-933-3883
	（一社）山口県宅地建物取引業協会	083-973-7111
徳島県	県土整備部住宅課	088-621-2593
	（同上）	（同上）
香川県	土木部住宅課	087-832-3584
	（同上）	（同上）

第3章 ● お役立ち資料

自治体名	自治体担当課	連絡先（TEL）
	協議会事務局	連絡先（TEL）
愛媛県	土木部道路都市局建築住宅課　住宅企画係	089-912-2760
	（公社）愛媛県宅地建物取引業協会	089-943-2184
高知県	土木部住宅課	088-823-9862
	（公社）高知県宅地建物取引業協会	088-823-2001
福岡県	建築都市部住宅計画課	092-643-3732
	（一財）福岡県建築住宅センター	092-781-5169
福岡県 北九州市	建築都市局住宅部住宅計画課（登録制度に関すること）	093-582-2592
	（同上）	（同上）
福岡県 福岡市	住宅都市局住宅部住宅計画課	092-711-4279
	（同上）	（同上）
福岡県 大牟田市	都市整備部建築住宅課	0944-41-2787
	（社福）大牟田市社会福祉協議会	0944-57-2519
佐賀県	県土づくり本部建築住宅課	0952-25-7165
	（同上）	（同上）
長崎県	土木部住宅課	095-894-3108
	（同上）	（同上）
熊本県	土木部建築住宅局住宅課	096-333-2547
	（同上）	（同上）
熊本市	都市建設局建築住宅部建築政策課	096-328-2438
	（NPO）自立応援団	096-245-5667
大分県	土木建築部建築住宅課	097-506-4677
	（同上）	（同上）
宮崎県	県土整備部建築住宅課	0985-26-7196
	（同上）	（同上）
鹿児島県	土木部建築課　住宅政策室	099-286-3738
	（公財）鹿児島県住宅・建築総合センター	099-224-4543
沖縄県	土木建築部住宅課	098-866-2418
	沖縄県住宅供給公社	098-917-2433

⑵　地域包括支援センターの連絡先・ホームページ一覧

（令和元年5月1日現在）

・　地域包括センターは、高齢者福祉に関する総合的な相談窓口で、介護、福祉、医療等に関するさまざまな相談を受け、支援を行います。ご本人や家族だけでなく、地域の方も利用できます。

・　表中の「担当課／連絡先（TEL）」の記載は、都道府県内の地域包括支援センターの一覧を掲載している担当課です。詳細は、市区町村の担当課への連絡が必要となる場合があります。

県名	担当課／連絡先（TEL）	ホームページ
北海道	保健福祉部高齢者支援局 高齢者保健福祉課 011-231-4111（大代表）	（地域包括支援センター） http://www.pref.hokkaido.lg.jp/hf/khf/ houkatuC/tiikihoukatuitiran.htm
青森県	健康福祉部高齢福祉保険課 017-722-1111（大代表）	（介護保険情報） http://www.pref.aomori.lg.jp/welfare/ welfare/kaigohoken.html
岩手県	保健福祉部長寿社会課 高齢福祉担当 019-629-5432	（地域包括支援センターについて） http://www.pref.iwate.jp/fukushi/ koureisha/22634/001940.html
宮城県	保健福祉部長寿社会政策課 地域包括ケア推進班 022-211-2552	（地域包括支援センターの一覧） http://www.pref.miyagi.jp/soshiki/ chouju/houkatsu-c.html
秋田県	健康福祉部長寿社会課 018-860-1361	（地域包括支援センターの設置状況） http://www.pref.akita.lg.jp/pages/ archive/2202
山形県	健康福祉部長寿推進課 地域包括ケア推進担当 023-630-3121	（地域包括支援センター関連情報） http://www.pref.yamagata.jp/kenfuku/ koreisha/korei/7090002publicdocument 200701307516426951.html
福島県	保健福祉部高齢福祉課 地域包括ケアシステム係 024-521-7165	（地域包括支援センターに関する情報） http://www.pref.fukushima.lg.jp/sec/ 21025c/tiikihoukatsusiennsenntajouhou. html
茨城県	保健福祉部長寿福祉課 地域ケア推進室 地域ケア推進グループ 029-301-3332	（茨城県内の地域包括支援センター） http://www.pref.ibaraki.jp/hokenfukushi/ chofuku/shichoson/kaigo/hokatsu/index. html#about

第3章 ● お役立ち資料

県名	担当課／連絡先（TEL）	ホームページ
栃木県	保健福祉部高齢対策課 028-623-3048	（地域包括支援センター一覧） http://www.pref.tochigi.lg.jp/e03/welfare/koureisha/kaigohoken/1184889455152.html
群馬県	健康福祉部 地域包括ケア推進室 027-897-2733	（地域包括支援センター） http://www.pref.gunma.jp/02/d2310055.html
埼玉県	福祉部地域包括ケア課 地域包括ケア担当 048-830-3256	（地域包括支援センター） https://www.pref.saitama.lg.jp/a0609/houkatsu.html
千葉県	健康福祉部高齢者福祉課 地域包括ケア推進班 043-223-2342	（地域包括支援センター） http://www.pref.chiba.lg.jp/hoken/kaigohoken/service/houkatsushien.html
東京都	高齢社会対策部 在宅支援課在宅支援担当 03-5320-4271	（地域包括支援センター及び在宅介護支援センター一覧） http://www.fukushihoken.metro.tokyo.jp/kourei/sodan/chiiki-zaitaku_center.html
神奈川県	保健福祉局福祉部 高齢福祉課 045-210-4835	（地域包括支援センター一覧） http://www.pref.kanagawa.jp/cnt/f4301/
新潟県	福祉保健部高齢福祉保健課 在宅福祉係 025-280-5192	（市町村別　県内の地域包括支援センターのご案内） http://www.pref.niigata.lg.jp/kourei/1280779314218.html
富山県	厚生部高齢福祉課 076-444-3204	（老人福祉施設及び介護サービス事業所等一覧） http://www.pref.toyama.jp/cms_sec/1211/kj00000050.html
石川県	健康福祉部長寿社会課 076-225-1487	（県内老人福祉施設等一覧） http://www.pref.ishikawa.lg.jp/ansin/list/list.html
福井県	政策推進グループ 0776-20-0325	（社会福祉施設・団体一覧） http://www.pref.fukui.lg.jp/doc/kenfukubu/seisui/sisetu-mokuji.html
山梨県	福祉保健部健康長寿推進課 055-223-1453	（地域包括支援センター） http://www.pref.yamanashi.jp/chouju/78434634355.html

県名	担当課／連絡先（TEL）	ホームページ
長野県	健康福祉部介護支援課 026-235-7111	（地域包括支援センターをご利用ください） http://www.pref.nagano.lg.jp/kaigo-shien/ kenko/koureisha/kaigo/chiikihokatsu.html
岐阜県	健康福祉部高齢福祉課 介護保険者係 058-272-8296	（地域包括支援センターについて） http://www.pref.gifu.lg.jp/kodomo/ koreisha/ninchisho-taisaku/11215/ tiikihoukatusiencentar.html
静岡県	健康福祉部福祉長寿局 長寿政策課 054-221-2442	（地域包括支援センター） https://www.pref.shizuoka.jp/kousei/ko- 210/chouju/kaigoyobou/26houkatuitiran. html
愛知県	健康福祉部高齢福祉課 052-954-6285	（介護保険・高齢者福祉ガイドブック） http://www.pref.aichi.jp/korei/guide/ index.html
三重県	健康福祉部長寿介護課 医療介護連携班 059-224-3327	（三重県地域包括支援センター情報共有 ホームページ） http://www.pref.mie.lg.jp/CHOJUS/ HP/22834022805.htm
滋賀県	健康医療福祉部 医療福祉推進課 077-528-3520	（老人福祉施設等一覧（県把握分）） http://www.pref.shiga.lg.jp/e/lakadia/ shisetsuichiran/
京都府	健康福祉部高齢者支援課 075-414-4570	（地域包括支援センター［高齢者のための 関係機関]） http://www.pref.kyoto.jp/kourei-engo/ 13900035.html
大阪府	福祉部 高齢介護室介護支援課 地域支援グループ 06-6944-6690	（地域包括支援センター） http://www.pref.osaka.lg.jp/kaigoshien/ tiikihoukatusien/
兵庫県	健康福祉部少子高齢局 高齢対策課 078-362-9033	（地域総合支援センター（地域包括支援セ ンター）一覧表） https://web.pref.hyogo.lg.jp/kf05/ hw18_000000027.html
奈良県	健康福祉部 地域包括ケア推進室 0742-27-8540	（地域包括支援センターとは） http://www.pref.nara.jp/42278.htm

関係機関　関係通知　申請書様式　関係告示

第3章 ●お役立ち資料

県名	担当課／連絡先（TEL）	ホームページ
和歌山県	福祉保健部福祉保健政策局 福祉保健総務課 073-441-2471	（福祉保健施設一覧） http://www.pref.wakayama.lg.jp/prefg/ 040100/shisetsu/index.html
鳥取県	福祉保健部ささえあい福祉局 長寿社会課 0857-26-7174	（各種相談窓口（地域包括支援センター 等）） http://www.pref.tottori.lg.jp/ dd.aspx?itemid=93214
島根県	健康福祉部高齢者福祉課 0852-22-5204	（地域包括支援センター） http://www.pref.shimane.lg.jp/medical/ fukushi/kourei/kourei_sien/csc/index.html
岡山県	保健福祉部長寿社会課 086-226-7326	（高齢者の相談窓口（地域包括支援セン ター）） http://www.pref.okayama.jp/page/ detail-43415.html
広島県	健康福祉局地域包括ケア・高齢 者支援課地域ケア推進グルー プ 082-513-3198	（地域包括支援センターの設置状況） http://www.pref.hiroshima.lg.jp/site/ tiikihoukatusienncenter/houkatusetti.html
山口県	健康福祉部長寿社会課 地域包括ケア推進班 083-933-2788	（地域包括ケアシステム・地域包括ケアシ ステムについて） http://www.pref.yamaguchi.lg.jp/cms/ a13400/tiikihoukatukea/tiikihoukatukea. html
徳島県	保健福祉部長寿いきがい課 地域包括ケア推進担当 088-621-2213	（地域包括支援センターについて） http://www.pref.tokushima.jp/docs/ 2011050200065/
香川県	健康福祉部健康福祉総務課 087-831-1111（大代表）	（社会福祉施設等一覧） http://www.pref.kagawa.lg.jp/ kenkosomu/social-w-f/
愛媛県	保健福祉部長寿介護課 介護予防係 089-912-2431	（相談する：地域包括支援センター） http://www.pref.ehime.jp/h20400/ ninchishoshien/consult/comprehend.html
高知県	地域福祉部高齢者福祉課 地域包括ケア推進担当 088-823-9627	（各市町村地域包括支援センター一覧） http://www.pref.kochi.lg.jp/ soshiki/060201/2015071800037.html
福岡県	保健医療介護部高齢者地域包括 ケア推進課在宅介護・予防係 092-643-3250	（地域包括支援センター） http://www.pref.fukuoka.lg.jp/contents/ tiiki-houkatsu.html

県名	担当課／連絡先（TEL）	ホームページ
佐賀県	健康福祉部長寿社会課 地域包括ケア推進室 0952-25-7105	（地域包括支援センターが設置されています） http://www.pref.saga.lg.jp/kiji0031115/index.html
長崎県	福祉保健部長寿社会課 095-895-2431	（社会福祉施設（高齢者）） http://www.pref.nagasaki.jp/bunrui/hukushi-hoken/koreisha/shisetsujoho/sisetu-itiran/
熊本県	健康福祉部 認知症対策・地域ケア推進課 096-333-2211	（高齢者の総合相談窓口　地域包括支援センター） https://www.pref.kumamoto.jp/common/UploadFileOutput.ashx?c_id=3&id=15311&sub_id=1&flid=65996
大分県	福祉保健部高齢者福祉課 地域包括ケア推進班 097-506-2695	（地域包括支援センター一覧表） http://www.pref.oita.jp/site/144/houkatsuichiran.html
宮崎県	福祉保健部長寿介護課 医療・介護連携推進室 0985-44-2605	（地域包括支援センターについて（回答）） http://www.pref.miyazaki.lg.jp/iryokaigo/kenko/koresha/naruhodo_a6.html
鹿児島県	保健福祉部介護福祉課 099-286-2111（大代表）	（地域包括支援センター一覧） http://www.pref.kagoshima.jp/ae05/kenko-fukushi/koreisya/zigyosya/hokatu.html
沖縄県	子ども生活福祉部 高齢者福祉介護課 介護企画班 098-866-2214	（介護保険制度について） http://www.pref.okinawa.jp/site/kodomo/korei/kikaku/kaigohokennseido.html

関係機関　関係通知　申請書様式　関係告示

第 3 章 ● お役立ち資料

2　関係通知

○公営住宅における単身入居者死亡後の残置物への対応方針の策定について（抄）

国 住 備 １ ０ ５ 号
平成２９年１月２５日

　各都道府県公営住宅担当部長　殿

国土交通省住宅局
住宅総合整備課長

公営住宅における単身入居者死亡後の残置物への対応方針の策定について

　近年、公営住宅では、単身高齢者をはじめとした単身入居者の割合が増加しており、単身入居者がその住宅に家財等を残置したまま死亡する事案も発生しているところである。当該事案が発生した住宅に残置された家財等（以下「残置物」という。）の取扱い等については、公営住宅法（昭和 26 年法律第 193 号）、民法（明治 29 年法律第 89 号）、各事業主体における公営住宅管理条例等の法令に基づき、事業主体の判断により対応がなされているところである。

　今般、一部の事業主体から、当該事案が発生した場合であって、相続人を確知できないとき等の対応方針の策定に関し、当省に対して要請があったところである。当省としては、当該要請を踏まえて、公営住宅の全事業主体に対して、残置物への対応に関する調査を行ったところ、内部規則等において、あらかじめ、残置物への対応方針を策定した上で対応している先進的な取組みが見られたところである。

　ついては、別添１のとおり、公営住宅における残置物への対応に関する調査の結果概要を送付するとともに、別添２のとおり、公営住宅における単身入居者死亡後の残置物への対応方針（案）を送付するので、各事業主体においては、これらを参考に、地域の実情に応じ、あらかじめ、内部規則等により単身入居者死亡後の残置物への対応方針を策定するなど、万一の場合の事案に対して適切に対応する枠組みを整備することにより、引き続き、公営住宅の適正かつ合理的な管理の実施に努めていただきたい。

　なお、本通知については、貴管内の事業主体にも周知されたい。

別添2

公営住宅における単身入居者死亡後の残置物への対応方針（案）

1　趣旨
　　本対応方針は、公営住宅において単身入居者がその住宅に家財等を残置したま ま死亡する事案が発生した際に、公営住宅に残置された家財等（以下「残置物」 という。）について、相続人等の財産権を侵害しないように留意しつつ、公営住宅 の適切かつ合理的な管理を図るため、残置物の確認、清掃、移動、保管等に関す る対応方針を定めるものである。

2　残置物の確認、清掃等
　　単身入居者の死亡後の住宅については、公営住宅法（昭和26年法律第193号。 以下「法」という。）第27条第6項の規定により、その使用を承継する入居者は 存在しないため、ご遺族、相続人等の感情に配慮し、また、相続人等の財産権を 侵害しないように留意しつつ、法第15条の規定にのっとり、公営住宅の管理を 適正かつ合理的に実施するため、速やかに、残置物の確認、清掃等を行うよう努 めるものとする。

3　相続人等が明らかな場合の残置物への対応
　　残置物は、あらかじめ、第三者に死因贈与（民法第554条）の契約がなされて いる場合、所有権放棄の同意がなされている場合等を除き、民法（明治29年法 律第89号）第896条の規定により、相続人が所有することになるため、法第15 条の規定にのっとり、公営住宅の管理を適正かつ合理的に実施する必要から、速 やかに相続人と連絡を取り、残置物の移動、処分等を要請するものとする。

4　相続人等が明らかでない場合の残置物への対応
　　相続人のあることが明らかでない場合についても、法第15条の規定にのっと り、公営住宅の管理を適正かつ合理的に実施するため、残置物の移動等により、 速やかに、公営住宅の本来の用途に供することができるよう努めるものとする。

（1）事業主体等による残置物の移動
　　　事業主体等において、民法第5編第6章の規定による相続財産管理人の選任 がなされる前に残置物を移動する必要が生じたときは、財産権を侵害しないよ うに留意しつつ、民法第3編第3章の規定による事務管理に関する規定の趣旨 を踏まえ、適切に移動を行うものとする。

（2）事業主体等による残置物の分別

　　　事業主体等において、残置物を移動、保管等する場合には、相続人等に将来的に求償する可能性がある費用がいたずらに増加しないよう、当該住宅における保管期間の短縮、残置物の分別（換価性があるもの、一身専属的なものその他の保管すべきもの又は生活ゴミその他の廃棄すべきものとに分別）により、移動費用及び保管費用の低減を図るものとする。

（3）事業主体等による残置物の移動後の保管

　　　事業主体等による残置物の移動後の保管場所については、入居者の募集を行っていない公営住宅の空室、公共施設の空きスペースの活用等により、相続人等に将来的に求償する可能性がある費用がいたずらに増加しないよう、保管費用の低減に努めるものとする。

5　　見守りサービス等の提供

　　単身高齢者等の単身入居者が住宅内において単独で死亡する事案を事前に防ぐため、住宅確保要配慮者に対する賃貸住宅の供給の促進に関する法律（平成19年法律第112号）の規定による居住支援協議会の構成員、福祉部局等と連携して見守りサービス等を提供するよう努めるものとする。

※　留意点

（1）本対応方針は、法、民法、公営住宅管理条例に定めるもののほか、必要な事項を定めるものであること。

（2）単身入居者の死亡後の公営住宅に係る返還手続き、公営住宅から移動した残置物を保管後に処分する手続き、残置物の移動等に係る費用の償還請求の手続き等についても、地域の実情、これまでの運用等を踏まえ、各事業主体において、適切に定めておくことが望ましいこと。

（3）上記4により、事業主体等において、残置物を分別し、移動等する際には、次の事項に留意すること。

　　①　複数の職員により、残置物に関する目録を作成、写真撮影等を行い、残置物の分別等の記録を残しておくことが望ましいこと。

　　②　残置物のうち一身専属的なものの判断をより適切に行うため、当該単身入居者の事情等を知る自治会役員、管理人、連帯保証人等の立会いのもとで行うことが望ましいこと。

　　③　残置物の移動等に関する費用を将来的に連帯保証人に求償する予定がある場合には、連帯保証人に経過を連絡し、立会いを求めることが望ましいこと。

＜参考＞

○公営住宅における単身入居者死亡後の残置物への対応方針（案）に係る参考事例

1　残置物の移動に関する規則等の整備
　○　規則又は内規（事務取扱要領）を定め、残置物を移動している。（17事業主体）
　　＜内規例＞
　　　　・残置物の移動の際は、自治会役員、管理人等の立会いのもと、職員2名以
　　　　　上で実施
　　　　・残置物の目録を作成（室内の状況を写真撮影）
　　　　・一身専属的なもの（位牌、遺影、遺骨等）及び換価価値が見込まれるもの
　　　　　（新品と同程度の電気製品、家具等）については、倉庫等に移動し保管

2　残置物を当該住戸から移動するまでの期間
　○　相続人の有無にかかわらず死亡確認後3月以内（76事業主体）
　○　相続人の有無にかかわらず死亡確認後6月以内（44事業主体）

3　残置物を移動する場合の移動費用、保管費用の縮減方策
　○　事業主体において残すべき家財等についての基準を設け、その基準に合致し
　　ていないものは処分する（9事業主体）
　　＜例＞
　　　　・一身専属的なもの（位牌、遺影、遺骨等）及び換価価値が見込まれるもの
　　　　　（新品と同程度の電気製品、家具等）については倉庫に保管
　　　　・食品、衣類、その他生活用品で換価価値が見込まれないものについては廃
　　　　　棄処分
　　　　・法令により個人の所持が禁じられているもの（銃刀、麻薬等）については、
　　　　　所轄の警察署長へ届出

4　残置物移動後の保管場所
　○　政策空家等入居させることができない公営住宅内に保管している（126事業主
　　体）
　○　当該住宅団地の敷地内に別途保管場所を設け保管している（17事業主体）

5　入居時に保証人に対して死因贈与契約を締結している例
　○　入居者と保証人等との間であらかじめ死因贈与契約を締結してもらい、入居
　　者の死亡により保証人等が贈与を受けた際は、保証人等に家財等の所有権を放棄
　　してもらうことで事業主体が当該家財等を処分することができることとしている。

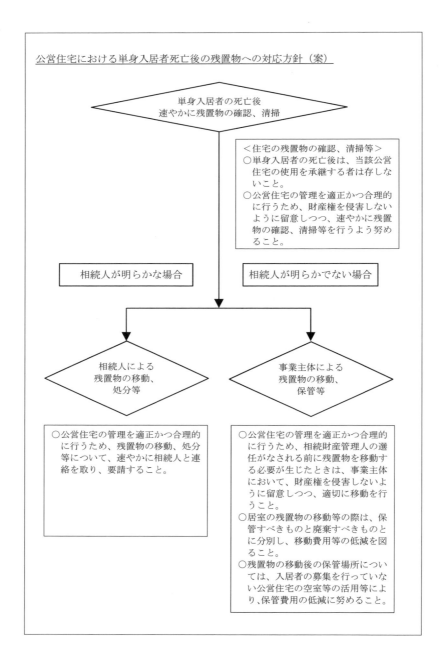

3 申請書様式

○住宅確保要配慮者円滑入居賃貸住宅事業登録申請書

別記様式第一号（第七条関係）

年　　月　　日

都道府県知事
指定都市の長　　殿
中核市の長

登 録 申 請 者 住 所
又 は 主 た る 事 務 所 の 所 在 地
氏 名 又 は 名 称
代 表 者 氏 名　　　　印

住宅確保要配慮者円滑入居賃貸住宅事業登録申請書

　住宅確保要配慮者に対する賃貸住宅の供給の促進に関する法律第９条第１項の規定に基づき、住宅確保配慮者円滑入居賃貸住宅事業について別紙のとおり登録を申請します。

備考
１．登録申請者が法人である場合には、代表者の氏名も記載すること。
２．氏名の記載を自署で行う場合には、押印を省略することができる。
３．この書類は、住宅確保要配慮者円滑入居賃貸住宅事業に係る賃貸住宅を構成する建築物ごとに作成することとし、住宅確保要配慮者円滑入居賃貸住宅事業を廃止する場合には、当該住宅確保要配慮者円滑入居賃貸住宅事業に係る賃貸住宅を構成する建築物ごとに廃止の届出を行うこととする。

第3章 ● お役立ち資料

別　紙（新　規）

1. 住宅確保要配慮者円滑入居賃貸住宅の名称及び所在地

住宅の名称	(ふりがな)				
所在地	(住居表示)				
利用交通手段	最寄り駅　（　　　　　　　　　　　）線　　　（　　　　　　　　　　　）駅				
	□ 1.最寄り駅から徒歩で(　　　　　　　　)分				
	□ 2.最寄り駅からバスで(　　　　　　　　)分 バス停(　　　　　　　)から徒歩で(　　　)分				
	□ 3.その他(　　　　　　　　　　　　　　　　　　　　　　　　　　　　)				
住宅に関する権原	□ 1.所有権　　　　□2. 賃借権　　　　□3. 使用貸借による権利				
	期間　　　　　　　　年　　　　月　　　　日から　　　　　　　年　　　　月　　　　日まで				

(注)住居表示が決まっていない場合には、地名地番を記載すること。

2. 住宅確保要配慮者円滑入居賃貸住宅事業を行う者

法人・個人の別	□ 法人　　　　　　　□ 個人				
商号、名称又は氏名	(ふりがな)		生年月日 (個人の場合)		性別 (個人の場合)
住　所 (法人にあっては主たる事務所の所在地)	(郵便番号　　　　　　　　　　　)　　　　　　電話番号				
代表者氏名 (法人の場合)	(ふりがな)		生年月日		性別
法人の役員 (法人の場合)	別添　　　1　　　のとおり				
法定代理人 (未成年の個人である場合)	法人・個人の別	□ 法人　　　　□ 個人			
	商号、名称又は氏名	(ふりがな)	生年月日 (個人の場合)		性別 (個人の場合)
	住　所 (法人にあっては主たる事務所の所在地)	(郵便番号　　　　　　　　　　　)　　　　　電話番号			
	法人の役員 (法人の場合)	別添　　　2　のとおり			

3. 住宅確保要配慮者円滑入居賃貸住宅の戸数、規模並びに構造及び設備

住宅戸数	登録申請対象戸数　　　　　　　　戸		
居住部分の規模	（最小）　　　　　　　　　　㎡	詳細については、別添　3 （共同居住型賃貸住宅の場合は別添　4） のとおり	
	（最大）　　　　　　　　　　㎡		
構造及び設備	共同利用設備　　□ あり　　□ なし		
	□ 共同居住型賃貸住宅として使用		
	構　造　　　　　　　　　　　造	階　数　　　　　　　階建	
着工の年月	年　　　　月		
その他	□ 建築基準法に違反していない		
	□ 消防法に違反していない		
	□ 新耐震基準に適合している		

※ 登録申請対象戸数が1戸の場合には、「居住部分の規模」は「（最小）」の欄に記載すること

96

4. 入居を受け入れる住宅確保要配慮者の範囲

入居を受け入れる主な住宅確保要配慮者	□ 低額所得者 □ 被災者（災害から3年以内） □ 高齢者 □ 障害者 □ 子育てをする者 □ 外国人 □ 中国残留邦人等 □ 児童虐待を受けた者 □ ハンセン病療養所入所者等 □ DV被害者 □ 犯罪被害者等 □ 帰国被害者等 □ 保護観察対象者等 □ 生活困窮者 □ 国土交通大臣が指定する災害の被災者 □ その他都道府県又は市区町村の供給促進計画 　において定められた者	詳細については、別添 5 のとおり

5. 住宅確保要配慮者専用賃貸住宅である旨

住宅確保要配慮者専用賃貸住宅の戸数	戸	詳細については、別添 5 のとおり
住宅確保要配慮者専用賃貸住宅である期間	（　）年（　）月 から （　）年（　）ヶ月 間	

6. 住宅確保要配慮者円滑入居賃貸住宅の家賃その他賃貸の条件に関する事項

家賃の概算額	（最低）　　約　　　　　　円	詳細については、別添 3 （共同居住型賃貸住宅の場合は別添 4） のとおり
	（最高）　　約　　　　　　円	
共益費の概算額	（最低）　　約　　　　　　円	
	（最高）　　約　　　　　　円	
敷金の概算額	（最低）　　約　　　　　　円	
	（最高）　　約　　　　　　円	
入居可能時期	□ 登録後ただちに入居可能　　□（　　　　　　）年（　　　　）月頃以降	

※ 登録申請対象戸数が1戸の場合には、それぞれの概算額は「（最低）」の欄に記載すること

7. 住宅確保要配慮者円滑入居賃貸住宅の管理の方法等

管理の方式	□ 自ら管理　　　　□ 管理業務を委託
委託する業務の内容（契約事項）	□ 家賃等の受領に係る事務 □ 賃貸借契約の更新に係る事務 □ 賃貸借契約の終了に係る事務
	（その他）
管理業務の委託先	
商号、名称又は氏名	（ふりがな）
住　所 （法人にあっては主たる事務所の所在地）	（郵便番号　　　　　　　　　　　） 　　　　　　　　　　　電話番号

8. 登録の申請が基本方針（及び供給促進計画）に照らして適切なものである旨

第3章 ● お役立ち資料

別添　1

役　員　名　簿

（ふりがな） 氏　　名	生年月日	性別	役名等

第9条第1号に該当する者をすべて記載すること。記載しきれないときは、この様式の例により作成した書面に記載し、その書面をこの書面の次に添付すること。

| 別添　2 |

役　員　名　簿

（ふりがな） 氏　　名	生年月日	性別	役名等

第9条第2号に該当する者をすべて記載すること。記載しきれないときは、この様式の例により作成した書面に記載し、その書面をこの書面の次に添付すること。

第 3 章 ● お役立ち資料

別添 3

住宅の規模並びに構造及び設備等

1. 専用部分の規模並びに構造及び設備等

専用部分の床面積 （㎡）	構造及び設備※						住戸数 （戸）	住戸番号 （該当するものを全て記載）	月額家賃 （概算額） （円）
	完備	便所	洗面	台所	収納	浴室			

注1）住戸の規模並びに設備及び構造のタイプ別にまとめて記載すること。

注2）設備及び構造欄の『完備』は、各戸に便所、洗面、台所、収納及び浴室の全てを備えるものを表す。

注3）浴室はシャワー室を含む。

※有りの場合は○、無しの場合は×を記載すること。完備の場合は、完備を含め全ての欄に○を記載すること。

2. 共同利用設備等

設備等	整備箇所数	合計床面積 （㎡）	整備箇所	想定利用戸数 （戸）	備考
台所					
収納					
浴室					

注）整備箇所は、添付図面との対応関係を明確に記載すること。

別添 4

住宅の規模並びに構造及び設備等（共同居住型賃貸住宅用）

1．専用部分の規模並びに構造及び設備等

専用部分の床面積 （㎡）	構造及び設備※						住戸数 （戸）	住戸番号 （該当するものを全て記載）	月額家賃 （概算額） （円）
	完備	便所	洗面	浴室	台所	洗濯室			

注１）住戸の規模並びに設備及び構造のタイプ別にまとめて記載すること。

注２）設備及び構造欄の『完備』は、各戸に便所、洗面、台所、浴室及び洗濯室の全てを備えるものを表す。

注３）浴室はシャワー室を含む。

※有りの場合は○、無しの場合は×を記載すること。完備の場合は、完備を含め全ての欄に○を記載すること。

2．共同利用設備等

設備等	整備箇所数	合計床面積 （㎡）	想定利用戸数 （戸）	想定利用戸数／整備箇所数	備考
便所					
洗面					
浴室					
台所					
居間					
食堂					
洗濯室					

※想定利用戸数には、登録の対象としない住戸も含めること。

3．延べ床面積等

全住戸数 （戸）	当該地域における最低延べ床面積 （基本：全住戸数×15＋10）	住棟の延べ床面積 （㎡）	備考

※延べ床面積と全住戸数には、登録の対象としない住戸も含めること。

第 3 章 ● お役立ち資料

別添 5

入居を受け入れる住宅確保要配慮者の範囲等

※共同住宅の住戸にあっては、記載内容が同一となるものについて、本様式を各一式ずつ作成すること。

住戸番号 （共同住宅の場合）	

○ 入居を受け入れる住宅確保要配慮者の範囲

	住宅確保要配慮者	入居を受け入れる者の範囲、条件等
法令において定められた者	□ 低額所得者（生活保護受給者を除く）	
	□ 低額所得者（生活保護受給者）	
		□ 住宅扶助費の代理納付が実施される場合に限る
	□ 被災者（災害から3年以内）	
	□ 高齢者	
		高齢者の年齢：（　　　）歳以上
	□ 身体障害者	
	□ 知的障害者	
	□ 精神障害者（発達障害者を含む。）	
	□ 上記以外の障害者	
	□ 子育てをする者（ひとり親を除く）	
		最年長の子供の年齢：（　　　）歳以下
		最年少の子供の年齢：（　　　）歳以上
	□ 子育てをする者（ひとり親）	
		最年長の子供の年齢：（　　　）歳以下
		最年少の子供の年齢：（　　　）歳以上
	□ 外国人	
	□ 中国残留邦人等	
	□ 児童虐待を受けた者	
	□ ハンセン病療養所入所者等	
	□ DV被害者	
	□ 帰国被害者等	
	□ 犯罪被害者等	
	□ 保護観察対象者等	
	□ 生活困窮者	
	□ 国土交通大臣が指定する災害の被災者	
都道府県又は市区町村の供給促進計画において定められた者	□	
	□	
	□	
	□	
	□	
	□	
	□	
	□	

○ 住宅確保要配慮者専用賃貸住宅である旨

□ 入居者を、住宅確保要配慮者又は当該住宅確保要配慮者と同居するその配偶者等に限る。

○住宅確保要配慮者専用賃貸住宅である期間

（　　　　　）年　（　　　　　）月　から　（　　　　　）年　（　　　　　）ヶ月　間

第3章 ● お役立ち資料

○住宅確保要配慮者円滑入居賃貸住宅事業に係る登録事項等の変更届出書

別記様式第二号（第十七条関係）

年　　月　　日

都道府県知事
指定都市の長　　殿
中核市の長

登　録　事　業　者　住　所
又は主たる事務所の所在地
氏　名　又　は　名　称　　　印

住宅確保要配慮者円滑入居賃貸住宅事業に係る登録事項等の変更届出書

住宅確保要配慮者に対する賃貸住宅の供給の促進に関する法律第12条第1項の規定に基づき、住宅確保要配慮者円滑入居賃貸住宅事業に係る登録事項等の変更を届け出ます。

登録年月日			
登録番号			
変更に係る事項	変更前	変更後	変更年月日

備考
1．登録事業者が法人である場合には、代表者の氏名も記載すること。
2．氏名の記載を自署で行う場合には、押印を省略することができる。

4　関係告示

○家賃債務保証業者登録規程

$$\left(\begin{array}{l}\text{平 成 29 年 10 月 2 日}\\\text{国土交通省告示第898号}\end{array}\right)$$

第1章　総則

（目的）

第1条　この規程は、家賃債務保証業を営む者の登録に関し必要な事項を定めることにより、その業務の適正な運営を確保し、家賃債務保証の健全な発達を図ることを通じて、もって賃貸住宅の賃借人その他の者の利益の保護を図ることを目的とする。

（定義）

第2条　この規程において「家賃債務保証業」とは、賃貸住宅の賃借人（以下単に「賃借人」という。）の委託を受けて当該賃借人の家賃の支払に係る債務（以下「家賃債務」という。）を保証することを業として行うことをいう。

2　この規程において「家賃債務保証業者」とは、次条第1項の登録を受けて家賃債務保証業を営む者をいう。

3　この規程において「保証委託契約」とは、家賃債務保証業者が賃借人と締結する契約であって、当該家賃債務保証業者が当該賃借人の家賃債務を保証することを当該賃借人が委託することを内容とするものをいう。

4　この規程において「保証契約」とは、家賃債務保証業者が賃借人の委託を受けて賃貸人と締結する契約であって、当該家賃債務保証業者が当該賃借人の家賃債務を保証することを内容とするものをいう。

第2章　登録

（登録）

第3条　家賃債務保証業を営む者は、国土交通大臣の登録を受けることができる。

2　前項の登録は、5年ごとにその更新を受けなければ、その期間の経過によって、その効力を失う。

3　前項の更新の申請があった場合において、同項の期間（以下この条において「登録の有効期間」という。）の満了の日までにその申請に対する登録の実施又は登録をしないことの決定がされないときは、従前の登録は、登録の有効期間の満了後もその登録の実施又は登録をしないことの決定がされるまでの間は、なおその効力を有する。

4　前項の場合において、登録の更新がされたときは、その登録の有効期間

第3章 ● お役立ち資料

は、従前の登録の有効期間の満了の日の翌日から起算するものとする。

（登録の申請）

第4条 　前条第1項の登録（同条第2項の登録の更新を含む。以下同じ。）を受けようとする者は、次に掲げる事項を記載した別記様式第一号による登録申請書を国土交通大臣に提出しなければならない。

一　商号又は名称及び住所

二　法人である場合においては、その役員（業務を執行する社員、取締役、執行役又はこれらに準ずる者をいい、相談役、顧問その他いかなる名称を有する者であるかを問わず、法人に対し業務を執行する社員、取締役、執行役又はこれらに準ずる者と同等以上の支配力を有するものと認められる者を含む。）の氏名及び使用人（家賃債務保証業に関し営業所又は事務所の代表者であるものに限る。以下同じ。）があるときは、その者の氏名

三　個人である場合においては、その者の氏名及び使用人があるときは、その者の氏名

四　未成年者である場合においては、その法定代理人の氏名

五　営業所又は事務所の名称及び所在地

六　次に掲げる免許又は登録を受けている場合は、当該免許証番号又は登録番号

　　イ　宅地建物取引業法（昭和27年法律第176号）第3条第1項の免許

　　ロ　貸金業法（昭和58年法律第32号）第3条第1項の登録

　　ハ　賃貸住宅管理業者登録規程　（平成23年国土交通省告示第998号）第3条第1項の登録

七　純資産額

2　前項の登録申請書には、次に掲げる書類（以下「添付書類」という。）を添付するものとする。

一　別記様式第二号による第6条第1項各号のいずれにも該当しない旨を誓約する書類

二　法人である場合においては、その役員及び使用人に係る運転免許証、旅券その他の本人確認に利用できる書類の写し

三　個人である場合においては、その者及び使用人に係る運転免許証、旅券その他の本人確認に利用できる書類の写し

四　法人である場合においては、登記事項証明書及び定款

五　個人である場合（営業に関し成年者と同一の行為能力を有しない未成年者であって、その法定代理人が法人である場合に限る。）においては、その法定代理人の登記事項証明書

六　別記様式第三号による家賃債務保証業に関する内部規則及び組織体制

106

に関する事項を記載した書類

七　別記様式第三号による家賃債務保証業に関する相談又は苦情に応ずるための体制に関する事項を記載した書類

八　別記様式第三号による求償権の行使方法に関する事項を記載した書類

九　法人である場合においては、別記様式第四号によるその役員及び使用人の職務の経歴に関する事項を記載した書類

十　個人である場合においては、別記様式第四号によるその者及び使用人の職務の経歴に関する事項を記載した書類

十一　別記様式第五号及び別記様式第六号による業務及び財産の状況に関する事項を記載した書類

（登録の実施）

第5条　国土交通大臣は、第3条第1項の登録の申請があったときは、次条第1項の規定により登録をしない場合を除くほか、次に掲げる事項を家賃債務保証業者登録簿に記載して、その登録をするものとする。

一　前条第1項各号（第七号を除く。第7条において同じ。）に掲げる事項

二　登録年月日及び登録番号

2　国土交通大臣は、前項の規定により登録をしたときは、遅滞なく、その旨を申請者に通知するものとする。

（登録をしない場合）

第6条　国土交通大臣は、第3条第1項の登録を受けようとする者が次の各号のいずれかに該当するとき、又は第4条第1項の登録申請書若しくはその添付書類のうちに重要な事項について虚偽の記載があり、若しくは重要な事実の記載が欠けているときは、その登録をしないこととする。

一　成年被後見人又は被保佐人

二　破産手続開始の決定を受けて復権を得ない者

三　第28条第1項の規定により登録を取り消され、その取消しの日から5年を経過しない者（当該登録を取り消された者が法人である場合においては、当該取消しの日前30日以内に当該法人の役員であった者で当該取消しの日から5年を経過しないものを含む。）

四　禁錮以上の刑に処せられ、その刑の執行を終わり、又は刑の執行を受けることがなくなった日から5年を経過しない者

五　暴力団員による不当な行為の防止等に関する法律（平成3年法律第77号）の規定（同法第32条の3第7項の規定を除く。）に違反し、又は債権の取立てに当たり、貸金業法第21条第1項（同法第24条第2項、第24条の2第2項、第24条の3第2項、第24条の4第2項、第24条の5第2項及び第24条の6において準用する場合を含む。）の規定に違反し、若

しくは刑法（明治40年法律第45号）若しくは暴力行為等処罰に関する法律（大正15年法律第60号）の罪を犯し、罰金の刑に処せられ、その刑の執行を終わり、又は刑の執行を受けることがなくなった日から５年を経過しない者

六　暴力団員による不当な行為の防止等に関する法律第２条第六号に掲げる暴力団員又は同号に掲げる暴力団員でなくなった日から５年を経過しない者（以下「暴力団員等」という。）

七　家賃債務保証業に関し不正又は不誠実な行為をするおそれのあると認めるに足りる相当の理由がある者

八　営業に関し成年者と同一の行為能力を有しない未成年者でその法定代理人が前各号のいずれかに該当するもの

九　法人でその役員又は使用人のうちに第一号から第七号までのいずれかに該当する者のあるもの

十　個人でその使用人のうちに第一号から第七号までのいずれかに該当する者のあるもの

十一　暴力団員等がその事業活動を支配する者

十二　暴力団員等をその業務に従事させ、又はその業務の補助者として使用するおそれのある者

十三　純資産額が1,000万円に満たない者

十四　第４条第２項第四号及び第六号から第十一号までに掲げる書類に記載された事項が次に掲げる基準に適合しない者

　　イ　法人である場合にあっては、定款の内容が法令に適合していること。

　　ロ　民法（明治29年法律第89号）及び個人情報の保護に関する法律（平成15年法律第57号）等の家賃債務保証の実施に関する法令等を遵守させるために必要な研修その他の措置が講じられていること。

　　ハ　求償権の行使方法が適切であること。

　　ニ　家賃債務保証業に関する相談又は苦情に応ずるための体制が整備されていること。

　　ホ　法人である場合にあっては、家賃債務保証業の業務を５年以上継続して行っていること又は常務に従事する役員のうちに、家賃債務保証業の業務に３年以上従事した経験を有する者があること。

　　ヘ　個人である場合にあっては、その者が家賃債務保証業の業務に３年以上従事した経験を有すること。

　　ト　使用人が家賃債務保証業の業務に１年以上従事した経験を有すること。

２　国土交通大臣は、前項の規定により登録をしないときは、遅滞なく、そ

の理由を示して、その旨を申請者に通知するものとする。
（変更の届出及び登録）

第7条 家賃債務保証業者は、第4条第1項各号に掲げる事項に変更があったとき、又は同条第2項に規定する添付書類（同項第十一号に掲げるものを除く。）の記載事項に変更があったときは、その日から30日以内に、その旨を国土交通大臣に届け出なければならない。

2 前項の規定による届出をする場合には、第4条第2項に規定する添付書類のうちその記載事項が変更されたものを添付しなければならない。

3 国土交通大臣は、第1項の規定による届出（第4条第1項各号に掲げる事項の変更に係るものに限る。）を受けたときは、当該届出に係る事項が前条第1項のいずれかに該当する場合を除き、当該事項を家賃債務保証業者登録簿に記載して、変更の登録をするものとする。
（家賃債務保証業者登録簿の閲覧）

第8条 国土交通大臣は、家賃債務保証業者登録簿を一般の閲覧に供するものとする。
（廃業等の届出）

第9条 家賃債務保証業者が次の各号に掲げる場合に該当することとなったときは、当該各号に定める者は、その日（第一号の場合にあっては、その事実を知った日）から30日以内に、その旨を別記様式第七号により、国土交通大臣に届け出なければならない。

一 家賃債務保証業者である個人が死亡した場合　相続人

二 家賃債務保証業者である法人が合併により消滅した場合　その法人を代表する役員であった者

三 破産手続開始の決定を受けた場合　破産管財人

四 家賃債務保証業者である法人が合併及び破産手続開始の決定以外の理由により解散した場合　清算人

五 家賃債務保証業を廃止した場合　家賃債務保証業者であった個人又は家賃債務保証業者であった法人を代表する役員

2 家賃債務保証業者が前項各号のいずれかに該当するに至ったときは、第3条第1項の登録は、その効力を失う。
（名義貸しの禁止）

第10条 家賃債務保証業者は、自己の名義をもって、他人に家賃債務保証業を営ませてはならない。

　　　　第3章　業務
（業務処理の原則）

第11条 家賃債務保証業者は、賃借人その他の者の権利利益を侵害することがないよう、適正にその業務を行わなければならない。

109

（証明書の携帯等）

第12条　家賃債務保証業者は、家賃債務保証業の業務に従事する使用人その他の従業者に、その従業者であることを証する証明書を携帯させなければ、その者をその業務に従事させてはならない。

2　家賃債務保証業者の使用人その他の従業者は、家賃債務保証業の業務を行うに際し、賃借人その他の関係者から請求があったときは、前項の証明書を提示しなければならない。

（暴力団員等の使用の禁止）

第13条　家賃債務保証業者は、暴力団員等をその業務に従事させ、又はその業務の補助者として使用してはならない。

（虚偽告知等の禁止）

第14条　家賃債務保証業者は、保証委託契約の締結について勧誘をするに際し、又は保証委託契約の申込みの撤回若しくは解除を妨げるため、賃借人又はその保証人（賃借人又はその保証人となろうとする者を含む。）に対し、虚偽のことを告げ、又は保証委託契約の内容のうち重要な事項を告げない行為をしてはならない。

（誇大広告等の禁止）

第15条　家賃債務保証業者は、その家賃債務保証業の業務に関して広告をするときは、保証の条件について、著しく事実に相違する表示をし、又は実際のものよりも著しく有利であると人を誤認させるような表示をしてはならない。

（契約の締結の制限）

第16条　家賃債務保証業者は、保証委託契約において、保証債務の弁済により有することとなる求償権に基づき、賃借人又はその保証人が支払うべき損害賠償の額を予定し、又は違約金を定める条項であって、消費者契約法（平成12年法律第61号）第9条（第二号に係る部分に限る。）の規定によりその一部が無効となるものを定めてはならない。

（契約締結前の書面の交付及び説明）

第17条　家賃債務保証業者は、保証委託契約を締結しようとする場合には、当該保証委託契約を締結するまでに、その相手方となろうとする者に対し、次に掲げる事項を記載した書面を交付し、又はこれを記録した電磁的記録（電子的方式、磁気的方式その他人の知覚によっては認識することができない方式で作られる記録であって、電子計算機による情報処理の用に供されるものをいう。以下同じ。）を提供して説明しなければならない。

一　家賃債務保証業者の商号、名称又は氏名、住所及び電話番号

二　登録番号及び登録年月日

三　保証期間

四　保証の範囲

五　保証の限度額

六　保証委託料（保証委託契約を更新する場合における料金を含む。次条第七号において同じ。）

七　保証委託契約の契約期間の中途において当該保証委託契約の解除をすることとなった場合における保証料の返還に関する事項

八　求償権の行使に関する事項

九　事前求償に関する定めがあるときは、その定めの内容

十　違約金又は損害賠償の額に関する定めがあるときは、その定めの内容

2　家賃債務保証業者は、前項（次項において準用する場合を含む。）の規定により説明をしたときは、その結果を記録し、保証委託契約の終了の日から起算して3月を経過する日までの間、保存しなければならない。ただし、保証委託契約を結ぶに至らなかった場合については、これを保存することを要しない。

3　第1項の規定は、家賃債務保証業者が家賃債務保証業の業務を他の者に委託する場合について準用する。

（契約締結時の書面の交付）

第18条　家賃債務保証業者は、保証委託契約を締結した場合には、その相手方に、遅滞なく、次に掲げる事項を記載した書面を交付し、又はこれを記録した電磁的記録を提供しなければならない。当該書面又は電磁的記録に記載した事項を変更したときも、同様とする。

一　家賃債務保証業者の商号、名称又は氏名、住所及び電話番号

二　登録番号及び登録年月日

三　契約年月日

四　保証期間

五　保証の範囲

六　保証の限度額

七　保証委託料

八　保証委託契約の契約期間の中途において当該保証委託契約の解除をすることとなった場合における保証料の返還に関する事項

九　求償権の行使に関する事項

十　事前求償に関する定めがあるときは、その定めの内容

十一　違約金又は損害賠償の額に関する定めがあるときは、その定めの内容

（求償権の行使時の書面の交付等）

第19条　家賃債務保証業者は、賃借人又はその保証人（第21条において「賃借人等」という。）に対し、支払を催告するために書面又はこれに代わる

第3章 ● お役立ち資料

電磁的記録を送付するときは、これらに次に掲げる事項を記載し、又は記録しなければならない。

一　家賃債務保証業者の商号、名称又は氏名及び住所並びに電話番号
二　当該書面若しくは電磁的記録を送付する者の氏名又は部署の名称
三　保証委託契約の契約年月日
四　求償権の額及びその内訳

2　前項に定めるもののほか、家賃債務保証業者は、求償権を行使するに当たり、相手方の請求があったときは、当該家賃債務保証業者の商号、名称又は氏名及び当該求償権に基づく債権の回収を行う者の氏名を、その相手方に明らかにしなければならない。

（帳簿の備付け等）

第20条　家賃債務保証業者は、その営業所又は事務所ごとに、その業務に関する帳簿（その作成に代えて電磁的記録の作成がされている場合における当該電磁的記録を含む。次条において同じ。）を備え付け、保証委託契約を締結した賃借人ごとに保証契約について契約年月日、保証期間、当該保証契約に基づき弁済した金額を記載し、当該保証契約の終了の日から起算して3月を経過する日までの間、保存しなければならない。

（帳簿の閲覧等の請求）

第21条　賃借人等又は賃借人等であった者は、家賃債務保証業者に対し、前条の帳簿（これらの者の利害に関係がある部分に限る。）の閲覧又は謄写を請求することができる。この場合において、家賃債務保証業者は、当該請求が当該請求を行った者の権利の行使に関する調査を目的とするものでないことが明らかであるときを除き、当該請求を拒むことができない。

（標識の掲示）

第22条　家賃債務保証業者は、その営業所又は事務所ごとに、公衆の見やすい場所に、別記様式第八号による標識を掲げなければならない。

2　第3条第1項の登録を受けていない者は、前項の標識又はこれに類似する標識を掲げてはならない。

（求償権の譲渡の規制等）

第23条　家賃債務保証業者は、求償権を他人に譲渡するに当たっては、当該求償権に基づく債権の債務者に対し、次に掲げる事項を、書面又は電磁的記録により通知しなければならない。

一　求償権を譲り受ける者及び当該求償権に係る保証委託契約を締結した家賃債務保証業者の商号、名称又は氏名及び住所
二　求償権の譲渡年月日
三　当該求償権に係る保証委託契約の締結年月日
四　譲渡する求償権の額及びその内訳

112

五　違約金又は損害賠償の額に関する定めがあるときは、その定めの内容

2　家賃債務保証業者は、求償権の譲渡又は求償権に基づく債権の回収の委託（以下この項において「求償権譲渡等」という。）をしようとする場合において、その相手方が次の各号のいずれかに該当する者（以下この項において「債権回収制限者」という。）であることを知り、若しくは債権回収制限者であると疑うに足りる相当な理由があると認めるとき、又は当該求償権譲渡等の後、債権回収制限者が当該求償権について求償権譲渡等を受けることを知り、若しくは受けると疑うに足りる相当な理由があると認めるときは、当該求償権譲渡等をしてはならない。

一　暴力団員等

二　暴力団員等がその運営を支配する法人その他の団体又は当該法人その他の団体の役員、従業者その他の構成員

三　求償権に基づく債権の回収に当たり、刑法又は暴力行為等処罰に関する法律の罪を犯すおそれが明らかである者

（分別管理）

第24条　家賃債務保証業者は、賃貸人に支払うべき家賃その他の金銭を賃借人から受領した場合には、自己の固有財産と分別して管理しなければならない。

（国土交通大臣への報告）

第25条　家賃債務保証業者は、毎事業年度の終了後3月以内に、その業務及び財産の管理状況を別記様式第九号により、国土交通大臣に報告しなければならない。

　　　　第4章　監督

（報告又は資料の提出）

第26条　国土交通大臣は、家賃債務保証業の業務の適正な運営を確保するために必要な限度において、家賃債務保証業者に対し、その業務の状況に関し報告又は資料の提出を求めることができる。

（指導等）

第27条　国土交通大臣は、家賃債務保証業者が次の各号のいずれかに該当する場合においては、当該家賃債務保証業者に対し、その業務の適正な運営を確保するため、必要な指導、助言及び勧告をすることができる。

一　第10条から第12条まで及び第14条から第24条までの規定に違反したとき。

二　業務に関し、賃借人その他の者に損害を与えたとき、又は損害を与えるおそれが大であるとき。

三　業務に関し、公正を害する行為をしたとき、又は公正を害するおそれが大であるとき。

第3章 ● お役立ち資料

　　四　業務に関し他の法令に違反し、家賃債務保証業者として不適当である
　　　と認められるとき。
　2　国土交通大臣は、前項の規定による指導、助言及び勧告をしたときは、
　　その旨を公表することができる。
　　（登録の取消し）
第28条　国土交通大臣は、家賃債務保証業者が次の各号のいずれかに該当す
　る場合においては、第3条第1項の登録を取り消すものとする。
　　一　第6条第1項第一号若しくは第四号から第十四号までのいずれかに該
　　　当するに至ったとき、又は登録の時点において同項各号のいずれかに該
　　　当していたことが判明したとき。
　　二　不正の手段により第3条第1項の登録を受けたとき。
　　三　正当な理由なく第7条第1項の規定による届出をせず、又は虚偽の届
　　　出をしたとき。
　　四　第13条の規定に違反したとき。
　　五　正当な理由なく第25条の規定による報告をせず、又は虚偽の報告をし
　　　たとき。
　　六　第26条の規定による国土交通大臣の求めに対し、正当な理由なくこれ
　　　に応じず、又は虚偽の報告若しくは資料の提出をしたとき。
　　七　前条第1項各号のいずれかに該当し情状が特に重いとき、又は同項の
　　　規定による指導、助言及び勧告に従わなかったとき。
　2　国土交通大臣は、前項の規定による登録の取消しをしたときは、その旨
　　を公表するものとする。
　3　第6条第2項の規定は、第1項の規定による登録の取消しがあった場合
　　について準用する。
　　（登録の抹消）
第29条　国土交通大臣は、家賃債務保証業者について第3条第2項若しくは
　第9条第2項の規定により登録が効力を失ったとき、又は前条の規定によ
　り登録を取り消したときは、当該登録を抹消するものとする。
　　　　第5章　雑則
　　（権限の委任）
第30条　この規程に規定する国土交通大臣の権限は、家賃債務保証業者又は
　第3条第1項の登録を受けようとする者の主たる営業所又は事務所の所在
　地を管轄する地方整備局長及び北海道開発局長に委任することができる。
　2　第26条及び第27条に掲げる権限で家賃債務保証業者の主たる営業所又は
　　事務所以外の営業所又は事務所（以下この項において「従たる営業所等」
　　という。）に関するものについては、前項に規定する地方整備局長及び北
　　海道開発局長のほか、当該従たる営業所等の所在地を管轄する地方整備局

長及び北海道開発局長も当該権限を行うことができる。
　　　附　則
この告示は、平成29年10月25日から施行する。

第3章 ● お役立ち資料

別記様式第一号（第四条第一項関係） （Ａ４）

登 録 申 請 書

（第一面）

　　　家賃債務保証業者登録規程第４条第１項の規定により、家賃債務保証業者の登録の
申請をします。この申請書及び添付書類の記載事項は、事実に相違ありません。

年　　　月　　　日

地方整備局長
北海道開発局長　　　　殿
沖縄総合事務局長

申請者　　商 号 又 は 名 称
　　　　　住　　　　　　所
　　　　　氏　　　　　　名　　　　　　　　　　　　　印
　　　　　（法人にあっては、代表者の氏名）
　　　　　電　話　番　号
　　　　　ファクシミリ番号

受付番号	受付年月日	申請時の登録番号
※	※	（　　）

（有効期間：　　　年　　月　　日～　　　年　　月　　日）

登録の
種類

☐　１．新規　２．更新

	登録番号	国土交通大臣登録（　　）第　　　号
※	登録年月日	年　　　月　　　日
※	有効期間	年　　　月　　　日から
※		年　　　月　　　日まで

項番　◎ 商号又は名称及び住所

法人・個人の別

11	法人番号	
	フ リ ガ ナ	
	商 号 又 は 名　　称	
	住　　　所	

☐　１．法人
　　２．個人

確認欄
※

◎ 代表者又は個人に関する事項

12	役名コード	
	フ リ ガ ナ	
	氏　　　名	
	生 年 月 日	－　　年　　月　　日

確認欄
※

◎ 既に有している免許又は登録

13	業の種類	免許等の番号	免許等の年月日
	宅地建物取引業法第３条第１項の免許		
	貸金業法第３条第１項の登録		
	賃貸住宅管理業者登録規程第３条第１項の登録		

確認欄
※

◎ 純資産額（千円）

14		

確認欄
※

116

（第二面）

受付番号　　　　　　　　　申請時の登録番号

※ _____　　（　　）_____

項番　◎　第4条第1項第2号に規定する役員に関する事項

21

役名コード		
フリガナ		
氏　　　名		
生 年 月 日	－ 年 月 日	

確認欄
※

21

役名コード		
フリガナ		
氏　　　名		
生 年 月 日	－ 年 月 日	

確認欄
※

21

役名コード		
フリガナ		
氏　　　名		
生 年 月 日	－ 年 月 日	

確認欄
※

21

役名コード		
フリガナ		
氏　　　名		
生 年 月 日	－ 年 月 日	

確認欄
※

21

役名コード		
フリガナ		
氏　　　名		
生 年 月 日	－ 年 月 日	

確認欄
※

21

役名コード		
フリガナ		
氏　　　名		
生 年 月 日	－ 年 月 日	

確認欄
※

21

役名コード		
フリガナ		
氏　　　名		
生 年 月 日	－ 年 月 日	

確認欄
※

21

役名コード		
フリガナ		
氏　　　名		
生 年 月 日	－ 年 月 日	

確認欄
※

関係機関　関係通知　申請書様式　関係告示

第3章 ● お役立ち資料

(第三面)

受付番号　　　　　　　　申請時の登録番号

※ _____　　　（　　）_____

項番　◎ 第4条第1項第5号に規定する営業所又は事務所に関する事項

31

営業所等の名称	
郵 便 番 号	－
所 在 地	
電 話 番 号	

確認欄
※

◎ 第4条第1項第2号に規定する上記営業所又は事務所の使用人に関する事項

32

フ リ ガ ナ	
氏　　名	
生 年 月 日	－ 　年 　月 　日

確認欄
※

項番　◎ 第4条第1項第5号に規定する営業所又は事務所に関する事項

31

営業所等の名称	
郵 便 番 号	－
所 在 地	
電 話 番 号	

確認欄
※

◎ 第4条第1項第2号に規定する上記営業所又は事務所の使用人に関する事項

32

フ リ ガ ナ	
氏　　名	
生 年 月 日	－ 　年 　月 　日

確認欄
※

項番　◎ 第4条第1項第5号に規定する営業所又は事務所に関する事項

31

営業所等の名称	
郵 便 番 号	－
所 在 地	
電 話 番 号	

確認欄
※

◎ 第4条第1項第2号に規定する上記営業所又は事務所の使用人に関する事項

32

フ リ ガ ナ	
氏　　名	
生 年 月 日	－ 　年 　月 　日

確認欄
※

別記様式第二号（第四条第二項第一号関係）   （A4）

誓　約　書

　　申請者、申請者の役員、申請者の使用人、法定代理人及び法定代理人の役員
　は、家賃債務保証業者登録規程第6条第1項各号に該当しない者であることを誓
　約します。

　　　　　　　　　　　年　　月　　日

　　　　　　　　　　商　号　又　は　名　称
　　　　　　　　　　氏　　　　　　　名　　　　　　　　　　　　　　　　印
　　　　　　　　　　法　定　代　理　人
　　　　　　　　　　商　号　又　は　名　称
　　　　　　　　　　氏　　　　　　　名　　　　　　　　　　　　　　　　印

　　　　　　地方整備局長
　　　　　　北海道開発局長　　殿
　　　　　　沖縄総合事務局長

第３章 ● お役立ち資料

別記様式第三号（第四条第二項第六号から第八号まで関係） (A4)
(第一面)

家賃債務保証業に係る内部規則及び組織体制等について

家賃債務保証業者登録規程第４条第２項第６号から第８号までに規定する書類については、下記の内容であることに相違ありません。

記

１ 内部規則の整備状況

（１）内部管理態勢に関する事項	内部規則等の該当条文（注）
ア 内部監査部門等の機能が十分に発揮できる態勢が定められている。	
イ 反社会的勢力との関係を遮断し、断固としてこれらを排除していくことを決定した基本方針を社内外に宣言するとともに、法令等遵守・リスク管理事項として、反社会的勢力による被害の防止を明確に位置付けている。	

（２）法令等遵守（コンプライアンス）に関する事項	内部規則等の該当条文（注）
ア 法令等遵守の責任部署が明確化されている。	
イ 法令等遵守に係る基本的な方針が定められている。	
ウ 具体的な実践計画（コンプライアンス・プログラム）が定められている。	
エ 行動規範（倫理規定、コンプライアンス・マニュアル等）が定められている。	
オ 法令等遵守のための研修を実施している。	

（３）反社会的勢力による被害の防止に関する事項	内部規則等の該当条文（注）
ア 反社会的勢力への対応の責任部署が明確化されている。	
イ 反社会的勢力とは一切の関係をもたず、反社会的勢力であることを知らずに関係を有してしまった場合には、相手方が反社会的勢力であると判明した時点で可能な限り速やかに関係を解消できるよう取組むことが定められている。	
ウ 反社会的勢力による不当要求が発生した場合の責任部署を整備し、反社会的勢力による被害を防止するための一元的な管理態勢が定められている。	
エ 反社会的勢力による不当要求がなされた場合には、担当者や担当部署だけに任せることなく経営陣が適切に関与し、組織として対応することとしている。	

（４）顧客情報管理態勢に関する事項	内部規則等の該当条文（注）
ア 顧客に関する情報管理の責任部署が明確化されている。	
イ 法令及び業界団体の自主規制規則等を踏まえ、適切な顧客に関する情報管理のための方法及び組織体制の確立等が具体的に定められている。	
ウ 顧客に関する情報の取扱いについて、具体的な取扱いが定められている。	
エ 情報漏えい等が発生した場合は、その原因を分析し、再発防止に向けた対策を講じることとしている。	

（５）相談及び苦情への対応態勢に関する事項	内部規則等の該当条文（注）
ア 苦情対応の責任部署が明確化されている。	
イ 法令及び業界団体の自主規制規則等を踏まえ、苦情等に対し迅速・公平かつ適切な対応・処理を可能とするよう、苦情等に係る担当部署、その責任・権限及び苦情等処理手続が定められている。	
ウ 役職員が内部規則等に基づき、苦情等への対応を適切に行うよう、研修等により周知徹底を図っている。	
エ 行動規範（倫理規定、コンプライアンス・マニュアル等）が定められている。	

120

（第二面）

（６）求償権の適切な行使方法に関する事項	内部規則等の該当条文（注）
ア	賃借人からの承諾を得ているなど正当な理由がある場合を除き、深夜又は早朝等、社会通念に照らして不適当な時間帯に訪問・電話等を禁止している。	
イ	賃借人からの承諾を得ているなど正当な理由がある場合を除き、契約者等の勤務先その他の居宅以外の場所に電話をかけ、電報を送信し、若しくはＦＡＸを送信し、又は訪問することを禁止している。	
ウ	緊急性が高いなど正当な理由がある場合を除き、無断で物件に立ち入ることを禁止している。	
エ	裁判所における手続きによる場合など正当な理由がある場合を除き、賃貸借契約上の解除権を代理行使することを禁止している。	
オ	貼り紙、文書掲示等により、契約者に賃料債務又は求償債務の滞納が生じている事実を契約者以外の第三者に明らかにすることを禁止している。	
カ	賃借人から退去すべき旨の意思を示されたにもかかわらず、当該場所から退去しないことを禁止している。	
キ	物件への入居を完全に排除する物理的な措置を講じることを禁止している。	
ク	物件の明渡完了前に動産の搬出・処分を行うことを禁止している。	
ケ	契約者等に対し、（６）アイオカのいずれかに掲げる言動をすることを告げることを禁止している。	
コ	契約者等の動産を適法に移動・保管できる場合であっても、その保管状況等について一切の責任を負わない旨を約定することを禁止している。	

（注）内部規則等の写しを添付すること。

２　苦情・相談発生時の体制等

（１）苦情・相談担当部門

担当部門名	
電話番号	

（２）苦情・相談対応責任者

役職名	

３　研修の実施状況

法令等を遵守するための研修の実施方法及び実施（予定）時期

実施方法 （複数回答可）	a．自社内研修を実施 （実施（予定）時期　　　　　　　　　　　　） b．外部研修に参加 （実施（予定）時期　　　　　　　　　　　　） c．通信教育 （実施（予定）時期　　　　　　　　　　　　） d．その他 （実施（予定）時期　　　　　　　　　　　　）

```
　　　　　　年　　月　　日
　　　　商　号　又　は　名　称
　　　　氏　　　　　　　　　名　　　　　　　　　　　　　印
　　　　┌　法　定　代　理　人
　　　　│　商　号　又　は　名　称
　　　　└　氏　　　　　　　　　名　　　　　　　　　　　　　印

　　　　地方整備局長
　　　　北海道開発局長　　　殿
　　　　沖縄総合事務局長
```

関係機関　関係通知　申請書様式　関係告示

第 3 章 ● お役立ち資料

別記様式第四号（第四条第二項第九号及び第十号関係）　　　　　　　　　　　　　（Ａ４）

実務経験者証明書

　下記のとおり、家賃債務保証業者登録規程第６条第１項第14号ホからトまでに規定する者
（実務経験者）を置いていることに相違ありません。

年　　　　月　　　　日

申請者　　　　　　　　　　　　　印

　　　　地方整備局長
　　　　北海道開発局長　　　　殿
　　　　沖縄総合事務局長

記

事務所等の名称	実務経験者の氏名 （生年月日）	実務経験年数
	年　　　月　　　日	
	年　　　月　　　日	
	年　　　月　　　日	
	年　　　月　　　日	
	年　　　月　　　日	
	年　　　月　　　日	
	年　　　月　　　日	
	年　　　月　　　日	
	年　　　月　　　日	
	年　　　月　　　日	

　実務経験者の経歴は別表のとおり。

備考

①　本証明書は、第６条第１項第14号ホからトまでに規定する者（常務に従事する役員及び事務所等ごとに置く使用人等）について作成すること。

②　実務経験者が第６条第１項第14号ホからトまでに規定する要件を備えていることを証する書面（別表）を添付すること。

（Ａ４）

実務経験者証明書（別記様式第四号別表）

実務経験者業務経歴書

氏名		

期　　間	実務経験年数	業　務　の　内　容
自　　年　　月 至　　年　　月	満　　年　　月	□商品企画　□保証審査　□契約管理　□督促・回収 □相談対応　□代理店管理　□その他（　　　　　　　）
自　　年　　月 至　　年　　月	満　　年　　月	□商品企画　□保証審査　□契約管理　□督促・回収 □相談対応　□代理店管理　□その他（　　　　　　　）
自　　年　　月 至　　年　　月	満　　年　　月	□商品企画　□保証審査　□契約管理　□督促・回収 □相談対応　□代理店管理　□その他（　　　　　　　）
自　　年　　月 至　　年　　月	満　　年　　月	□商品企画　□保証審査　□契約管理　□督促・回収 □相談対応　□代理店管理　□その他（　　　　　　　）
自　　年　　月 至　　年　　月	満　　年　　月	□商品企画　□保証審査　□契約管理　□督促・回収 □相談対応　□代理店管理　□その他（　　　　　　　）
自　　年　　月 至　　年　　月	満　　年　　月	□商品企画　□保証審査　□契約管理　□督促・回収 □相談対応　□代理店管理　□その他（　　　　　　　）
自　　年　　月 至　　年　　月	満　　年　　月	□商品企画　□保証審査　□契約管理　□督促・回収 □相談対応　□代理店管理　□その他（　　　　　　　）
小　　計	満　　年　　月	
（累　計）	(満　　年　　月)	

上記の者は、上記のとおり実務の経験を有することに相違ないことを証明します。

　　　　　　　　　　　　　　　　　　　　　　　　　　年　　　　月　　　　日

　　　　　　　　　　　　　　　証明者　　　　　　　　　　　　　　　　　　印

証明を得ること が で き な い 場合	そ　の　理　由		証 明 者 と 被 証 明 者 と の 関 係	

備考
① 　「業務の内容」の欄は、本人が従事した家賃債務保証業に関する業務を全て選択すること。
② 　実務経験の証明は、第６条第１項第14号ホからトまでに該当する実務経験者に限り必要とし、証明者ごとに作成すること。
③ 　「小計」の欄は、「実務経験年数」の欄に記載した年数を月単位で通算して記載すること。
　　ただし、期間が重複している場合でも実期間で通算すること。複数枚に及ぶ場合は頁毎に累計を記載すること。
④ 　同時期に２以上の業務を担当した場合には、従事した期間が重複することのないよう留意して記載すること。

第3章 ● お役立ち資料

別記様式第五号（第四条第二項第十一号関係） （Ａ４）

業務の状況に関する書面

1. 家賃債務保証業の業務開始時期等

法人設立	年　　　　月
家賃債務保証業の業務開始	年　　　　月
家賃債務保証業の業務継続期間	満　　　年　　　　か月

2. 直前の事業年度の業務の状況

期間　　　年　　月　　日から　　　年　　月　　日まで 報告基準日　年　　月　　日						
家賃債務保証委託契約 の実績	保有契約件数					件
	新規契約件数					件
主に提供する商品の 保証範囲	□滞納賃料　　　□原状回復　　　□残置物撤去費用 □訴訟費用　　　□その他（　　　　　　　　　　　　）					
営業地域 （都道府県）	北海道	東京都		滋賀県		香川県
	青森県	神奈川県		京都府		愛媛県
	岩手県	新潟県		大阪府		高知県
	宮城県	富山県		兵庫県		福岡県
	秋田県	石川県		奈良県		佐賀県
	山形県	福井県		和歌山県		長崎県
	福島県	山梨県		鳥取県		熊本県
	茨城県	長野県		島根県		大分県
	栃木県	岐阜県		岡山県		宮崎県
	群馬県	静岡県		広島県		鹿児島県
	埼玉県	愛知県		山口県		沖縄県
	千葉県	三重県		徳島県		

備　考
①第6条第1項第14号ホで定める常務に従事する役員のうちに、家賃債務保証業の業務に3年以上従事した
経験を有する者がない場合は、1.の家賃債務保証業の業務開始時期が確認できる資料を添付すること。
②2.の直前の事業年度の業務の状況の期間について、法人については、各申請者における直近の終了した
事業年度を記入すること。
また、個人については、直近の終了した暦年（1月1日～12月31日）を記入すること。
③2.の直前の事業年度の業務の状況の報告基準日について、法人については直近の終了した事業年度中の
日を設定、個人については直近の終了した暦年中の日を設定し記入すること。
なお、家賃債務保証委託契約の実績については報告基準日において有効な契約に基づく件数を記入すること。
④2.の営業地域について、報告基準日において家賃債務保証を提供している都道府県の欄に〇を記入すること。

　　　　　　年　　　月　　　日

　　　　　商号又は名称
　　　　　氏名
　　　　［法定代理人　　　　　　　　　　　　　　　　　　　印
　　　　　商号又は名称
　　　　　氏名　　　　　　　　　　　　　　　　　　　　　印　］

　　　　地方整備局長
　　　　北海道開発局長　　殿
　　　　沖縄総合事務局長

124

別記様式第六号（第四条第二項第十一号関係）　　　　　　　　　　　　　　　　（A 4）

直前の事業年度の財産の状況に関する書面

☐　法人の場合
　　別添の貸借対照表及び損益計算書のとおりです。

☐　個人の場合
　　以下のとおりです。

年　　月　　日現在

資　　　　　産	価　　　　格	摘　　　　要
資　　産		
現　金　預　金		
有　価　証　券		
未　収　入　金		
土　　　　　地		
建　　　　　物		
備　　　　　品		
権　　　　　利		
そ　　の　　他		
計　　（　A　）		
負　　債		
借　　入　　金		
未　　払　　金		
預　　り　　金		
前　　受　　金		
そ　　の　　他		
計　　（　B　）		
純資産　（A）－（B）		

備　考
　①　「法人の場合」または「個人の場合」の欄にチェックを付すこと。なお、法人の場合は直前の事業年度の貸借
　　対照表及び損益計算書を添付し、個人の場合は本書面により財産の状況について記載すること。

　②　「権利」とは、営業権、地上権、電話加入権その他の無形固定資産をいう。

年　　　月　　　日
　商号又は名称
　氏名　　　　　　　　　　　　　　　　　　　　　　　　　印
　┌法定代理人
　│商号又は名称
　└氏名　　　　　　　　　　　　　　　　　　　　　　　　印┘

　　　　　地方整備局長
　　　　　北海道開発局長　殿
　　　　　沖縄総合事務局長

125

第3章 ● お役立ち資料

別記様式第七号（第九条第一項関係）　　　　　　　　　　　　　　　　　　　　　　　　　　　（Ａ４）

廃 業 等 届 出 書

家賃債務保証業者登録規程第９条第１項の規定により、下記のとおり届け出ます。

　　　　　　　　　　　　　　　　　　　　　　　　　　　　　　　　　　　年　　　月　　　日

　　　地方整備局長
　　　北海道開発局長　殿
　　　沖縄総合事務局長

　　　　　　　　　　　　　　届出者　　住所

　　　　　　　　　　　　　　　　　　　氏名　　　　　　　　　　　　　　　　印

受付番号	受付年月日	届出時の登録番号
＊	＊	（　　）

届出の理由	1．死亡　　　2．合併による消滅　　　3．破産手続開始の決定 4．解散　　　5．廃業
商号又は名称	
氏　　　名 （法人にあっては、 代表者の氏名）	
主たる事務所の所在地	
届出事由の生じた日	
家賃債務保証業者と 届出人との関係	1．相続人　　2．元代表役員　　　3．破産管財人　　4．清算人　5．その他

備考
　①　届出者は、＊印の欄には記入しないこと。
　②　「届出の理由」及び「家賃債務保証業者と届出人との関係」欄は、該当するものの番号を○で
　　　囲むこと。
　③　死亡の場合にあっては、「届出事由の生じた日」の欄に死亡の事実を知った日を付記すること。

別記様式第八号（第二十二条第一項関係）

標　　識

家　賃　債　務　保　証　業　者　票	
登　　録　　番　　号	国土交通大臣（　　　）第　　　　　号
登　録　有　効　期　間	年　　　　月　　　　日から 年　　　　月　　　　日まで
商　号　又　は　名　称	
代　表　者　氏　名	
主たる事務所の所在地	電話番号　　　（　　　）

３５cm以上

３０cm以上

第3章 ● お役立ち資料

別記様式第九号（第二十五条関係）　　　　　　　　　　　　　　　　　　　　（Ａ４）

業 務 等 状 況 報 告 書

家賃債務保証業者登録規程第２５条の規定により、次のとおり報告します。

年　　　月　　　日

　地方整備局長
　北海道開発局長　殿
　沖縄総合事務局長

　　　　　　　　　報告者　　住　　　　所
　　　　　　　　　　　　　　商号又は名称
　　　　　　　　　　　　　　氏　　　　名
　　　　　　　　　　　　　　　　　　　　　　　　　　　　　印

受付番号	受付年月日	報告時の登録番号
＊	＊	（　　　）

1　業務の状況

期　　間	年　　　月　　　日から　　　　年　　　月　　　日までの１年間		
	報告基準日　　　　年　　　月　　　日		
家賃債務保証委託契約 の実績	保有契約件数		件
	新規契約件数		件
従事従業者数			人
その他報告事項			

2　財産の管理状況

受領した家賃等 の分別管理の状況	・賃貸人ごとに受領家賃等を信託管理
	・賃貸人ごとに家賃等受領口座を区分
	・自社集金口座において、賃貸人ごとに勘定を区分
	・会計ソフトウェアを用いて賃貸人ごとに区分管理
	・月締めで賃貸人に受領家賃等を送金
	・家賃等の受領事務なし
	・その他　（　　　　　　　　　　　　　　　　　　　　　　　　　）
その他保全措置等	・第三者機関の預り金保証制度により保全
	・家賃等の受領事務なし
	・その他　（　　　　　　　　　　　　　　　　　　　　　　　　　）

3　純資産

純資産額	千円	報告基準日 　　　　年　　　月　　　日

備考
　①届出者は、＊印の欄には記入しないこと。
　②財産の管理状況は、該当する選択肢の全てに〇を記入し、「その他」については具体的状況
　　を記述すること。
　③直前の事業年度の貸借対照表及び損益計算書を添付すること。

大家さん・賃貸住宅管理業者等のための
住宅セーフティネット制度
活用ハンドブック【Q&A 解説】

2019年 7 月31日　第 1 版第 1 刷発行

編　著　　弁護士　犬　塚　　　浩
共　著　　弁護士　佐　藤　康　之
執筆協力　　公益財団法人日本賃貸住宅管理協会

発行者　　箕　浦　文　夫
発行所　　株式会社大成出版社
　　　　　東京都世田谷区羽根木 1 － 7 － 11
　　　　　〒156-0042 電話 03(3321)4131(代)
　　　　　https://www.taisei-shuppan.co.jp/

©2019　犬塚　浩・佐藤康之　　　　　　　印刷　信教印刷
　　　　落丁・乱丁はおとりかえいたします
　　　　ISBN978-4-8028-3378-3

資格者（登録者）4万超の注目資格!
今、求められている賃貸管理の専門家

改訂4版
賃貸不動産管理の知識と実務
賃貸不動産経営管理士 公式テキスト

一般社団法人 賃貸不動産経営管理士協議会 [編著]

- A5判・並製・カバー装 1,034頁
  定価本体 3,685円（税別）
- 図書コード3356

本書の主な内容
- 序 編　賃貸管理総論
- 第1編　賃貸住宅管理業者登録制度
- 第2編　賃貸不動産経営管理士
- 第3編　管理業務の受託
- 第4編　借主の募集
- 第5編　賃貸借契約
- 第6編　建物管理の実務と賃貸借契約の管理
- 第7編　建物・設備の知識
- 第8編　賃貸業への支援業務
- 索　引

2018年より国土交通省の賃貸住宅管理業者登録制度において賃貸不動産経営管理士を中心とする賃貸住宅管理業務が本格稼働!

試験：2019年11月17日（日）13:00～14:30（90分間）
出題形式：四肢択一・40問

本書の特色
- 賃貸不動産経営管理士試験を受験するうえで必要な知識の習得はもちろんのこと、賃貸不動産管理業務の実務書としても最適の内容!
- 改正民法をはじめ、住宅セーフティネット法、住宅宿泊事業法等の新しい法律や、新しい賃貸住宅標準管理委託契約書及びサブリース住宅原賃貸借標準契約書、さらに家賃債務保証業者登録制度、相続に関する知識等を追加するなど大幅改訂し、管理士が行う業務や管理業者が行う日常業務において必要な知識を体系的にまとめ、わかりやすく解説した最新版!
- 賃貸不動産経営管理士協議会が行う事前講習の教材としても採用!

■事前講習：6月4日（火）～9月18日（水）　

大成出版社